注定不一样的

ZHUDING BUYIYANG DE
ZHONGGUO SILU YUANCHU

李 新◎著

中国思路

原初

自一画开天，追求天人合一、顺应自然、道德修养、世界大同。中华文化有自觉"参赞天地之化育"的责任意识。懂她、解她、知她，是智者；不懂、不解、不知，也不为过，因为民日用而不知。

中国言实出版社

图书在版编目（CIP）数据

注定不一样的中国思路：原初／李新著．—北京：中国言实出版社，2015.4

ISBN 978-7-5171-1268-6

I. ①注⋯ II. ①李⋯ III. ①先秦哲学－研究 IV. ①B220.5

中国版本图书馆 CIP 数据核字（2015）第 073567 号

责任编辑： 郭江妮

出版发行	中国言实出版社
地　　址	北京市朝阳区北苑路 180 号加利大厦 5 号楼 105 室
邮　　编	100101
编辑部	北京市西城区百万庄大街甲 16 号五层
邮　　编	100037
电　　话	64924853（总编室）　　64924716（发行部）
网　　址	www.zgyscbs.cn
E-mail	zgyscbs@263.net
经　　销	新华书店
印　　刷	北京毅峰迅捷印刷有限公司
版　　次	2015 年 6 月第 1 版　　2024 年 1 月第 2 次印刷
规　　格	710 毫米×1000 毫米　1/16　14 印张
字　　数	151 千字
定　　价	48.00 元　　ISBN 978-7-5171-1268-6

前 言

　　中华文明源远流长，绵延至今，成为世界上唯一幸存的不曾断绝的文明。未断绝未必全是因为坚强，更多的或许还是因为坚而且韧。韧——能屈能伸，因时制宜，这才有利于存亡继绝。而行为又是受思想支配的，中国思想就是支撑中华民族，历经风雨走到今天的精神力量。

　　中国思想真称得上与时俱进。思想的变迁自然是有原因的，概而言之无非是时代、地域两方面。时代多由主观因素构成，如性格、思想；地域多由客观因素构成，如：地域辽阔且与欧洲及其他文明之间有天然的地理阻隔等。

　　在原始的中国，与其他国家民族本无太大不同，皆因受制于自然而又崇拜自然，遂信神鬼，故而往圣先王以神道设教，不过是因势利导。远古伏羲氏取法自然，初创八卦；经文王更进一步推演遂成周易；周公因之制礼作乐，更有孔子赞以十翼极力阐扬承其一脉。于是，也就将自然规律渐渐转移到人事方面来，定下中华民族重道德伦理的思想基调。

到了东周，王纲解纽，礼崩乐坏，学术下移，士阶层兴起，知识公开，思想解放，出现了"百家争鸣"。儒、墨、道、法等家，各有各的理论主张，也各有各的道理，他们之间互相驳诘。

汉代董仲舒给汉武帝提了个建议，那就是"罢黜百家，独尊儒术"。从"百家"之中选出一家，即儒家，给予独尊的地位，作为国家的官学。

其实，汉唐之间的这数百年，就是各家思想交汇融合与发展的过程，其中更有外来佛家思想的传入及其本土化。在理学兴盛之前，唐宋已经有了许多新思想。唐朝的大文豪韩愈《原道》一文中提出尧、舜、禹、汤、文、武、周、孔相传的"道"，成为后世理学"道统说"的滥觞。经过唐宋的酝酿，理学在南宋开始兴荣。这一方面，是由于唐末私立学校出现和刻书业的发达，推动了学术发展；另一方面，是因为理学也受到了佛家和道家的影响，借鉴吸收了他们的思想。

朱熹是理学的集大成者，在南宋时已产生影响，明朝中叶以前，思想界是程朱理学的天下。理学家们的共同长处是躬行实践，一丝不苟；短处是谨守古训，拘禁太过。对程朱理学改革最大的便是王守仁。程朱陆王之学虽门户不同，但其空谈心性、不务实际则一致，这是受到了佛学思想的影响。

不过，明末清初，随着少数民族不断地侵入中原，反空虚主义的新学派自然而然地兴起了。以顾炎武、黄宗羲等为代表的新学派及他们的后继者，其进步仅局限于学术上，思想上却显得很消沉。

晚清时期，对中国思想界影响最大的便是西学东渐。西方传教士以先进的科学技术为手段来进行传教，客观上有利于中国人民心智的提高，眼界的扩大。中外思想的交流，无疑成为中国思想进步的新动力。

西方列强的侵略使中国国民深受刺激，渐渐认识到旧法不得不变，国事必须干涉。遂有洋务运动和维新变法。而枝节的改动还是行不通，革命的呼声日高，思想也较急激。中国思想的一个升华时期便是新文化运动。随着十月革命一声炮响，马克思主义也来到中国，并且开花结果。

中国思想原本就具有取法自然、兼收并蓄、涵容化成的特质。

目　录

第一章　大哉中华

什么是"中华"

　　大哉，中华！既大且久。

　　身为中华儿女的一份子，如果有人问你"什么是'中华'"，你答得上来吗？是啊，这个作为我们民族的冠名，大家时时提及感觉很熟悉的词儿，要真对此说出个子午卯酉来可能并不是件容易事儿。我们一般都知道中国是"尚中之国"，中国人也曾自认为"地处天下之中"所以叫"中国"，真的是这样吗？

　　我们沐浴在中华文化之中，每一天也都在感受中华文化，而中华文化的发祥地就是在河洛地区。"洛阳处天下之中"，河南地处中原也号称"天下之中"，省内古都尤多且早。难道就因为这，我们就叫"中国"和"中华"了吗？当然，不能否认有这方面的含义，但又绝不仅仅是因为这个。

那么，还有什么别的深意吗？"中庸"之"中"？得，这下可麻烦了。因为我们被一句话给搞晕了，那就是"不偏之谓中"。很长一段时期，几乎全社会都认为不偏之谓中的意思就是走中间路线，做好好先生，以至于人们一提到"中庸"都觉得很丢脸，甚至怀疑我们的老祖宗怎么会提出这个。紧跟着那就是鄙夷了，不单是对"中庸"二字，也是对整个中华传统文化。

实际上，根本不能那样解释。

我们老祖宗讲的话，那是有高度智慧的，有高度，有深度，有广度。不是他们讲错了，而是我们后世子孙理解错了，也做错了，回过头来还倒打一耙，埋怨起祖宗来。这岂不真成了不孝子孙，惭愧啊惭愧！

其实，"中"应该解释成合理不合理，跟中间不中间没关系！河南人到现在不是还在讲"中不中？""中！"吗，那就含有合理不合理的意思在内。孟子说："虽千万人，吾往矣。"意思就是：只要我应该去做的，那就明知山有虎偏向虎山行，即使有千万人阻挡、抗争、要找我麻烦，我也得往前冲。这还不够极端吗？简直是大无畏，倒像个大侠，哪里有一点儿好好先生的影子呢？

由此看来，中国人所谓的"中"本来很简单明了，那就是：应该极端的，你就走极端；不应该极端的，你就不可以走极端，合理就好。

然而，合理不合理不是一成不变的，时间、方位不同，合理不合理的标准恐怕也得调整，这就又提示我们易与不易的经权之道。中国人的学问最懂得与时空挂钩，孔子讲得很清楚——

"时也,命也",就是说:时一变,整个方式就要跟着变。所以,
"与时俱进"并不是今天的新创,那是有其渊源的。可做学问一
旦和时空挂了钩,那就错综复杂了,所以,中国人大概都知道
所有的事情都"很难讲",公说公有理婆说婆有理,你说东他偏
说西,说到最后还真闹不懂谁对谁错。这就是中国人,不是简
单的二分法,我们在"yes"和"no"之间好像总有第三条路。

"中"这个字,其实可以看作是我们民族的一个图腾。中国
字是象形文字,大家可以想象看,它像不像我们非常熟悉的太
极图(图1-1)。那是我们文化的源头,要还原中华文化的本
真,不能不了解《易经》,而它告诉我们无论什么事情都要合在
一起想,不能分开来看。这就形成我们"合"的思想,与西方
人分的思想大不相同。中间那条线也足够长,可以弯曲达到两
极而且确实是弯曲的,那其中也大有深意。

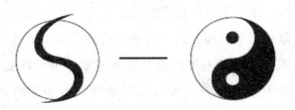

图1-1

中华之"华",是华丽的意思。《说文》上说:"华,荣
也。"《尔雅》上说:"木谓之华,草谓之荣。"原来有一种说
法:华夏族是华族和夏族合并融合后的统一族称。其实这种说
法未必可靠,它并没有文献根据。不妨考虑另一种说法:中原
民族古称"华夏",意即"荣夏",是"光荣的中国之人"的意
思。《说文》谓"夏,中国之人也"。"夏"是族称,是代词,

是名词。"华夏"的"华",是名词作形容词,修饰"夏"。哟,都扯到语法上去了,其实很简单,华就是华丽光彩,做中国人值得自豪。

光是自豪还不行,得知"道",得知变化之道,"华"应该也有变化的意思。中国字很有趣,除了象形,同音近音的字大概多少也总有些联系。《易经》就告诉我们:任何事情都是随着时的变化而改变的,人的态度要随时调整,标准也要随时改变。外国人经常讲:你们中国人没有信用,你们中国人总是变来变去,说话从来不算数……现在,连我们自己人也都这样默认了,不过是这样认为"除我以外"的中国同胞。如果真有人问你:"你说话算数吗?"你一定会很生气:"我讲话不算数?我哪里讲话不算数?"可见我们还是讲信用的,只是这么多年来我们越来越看不懂自己了。这也是我们要正本清源,重新好好了解和认识中国思想、中华文化以及我们民族特性的重要原因。

中华是什么?总而言之一句话,就是万变不离其宗的变化。一个人要不要变?可不可以变?当然要变,也可以变,但是一定要注意怎么变!那就是要有原则地变,不能没原则地乱变,也就是要懂得经权,知道守常,才真懂得变化之道。中华就是有原则地应变,而不可以无原则地乱变。很可惜,我们现在已经开始在乱变了,因为我们已经不了解什么是中华了。

我们也常说"离谱""不靠谱",那个谱就是经。不管怎么变,都不能离谱,不能离经。一旦"离经",也就"叛道"了。离经叛道那是很危险的事情!好在,中国人有一点很了不起的地方,就是这两个字——反省。咱们是最会反省的民族,曾子甚至能够"吾日三省吾身"。我们过一段时间或者做完一件事情，总要反省一下：这样做对不对？哪句话说错了？有没有得罪人？怎样还可以弥补……这就是中华文化，也是我们的民族性。中华文明就是这样走过来的，不断反省，不断调整，不断向前进，但永远不离谱——这是条件。

有人说，中华民族每700年就会大兴盛一次，又一次的大兴盛正迎面而来，预计在21世纪中叶，大家有幸生逢其时。而在大兴盛之间必定有大动荡，也正是我们大反省的时候，大反省之后跟着就是大调整，我们的文化才能够日新又新。但是，大家要注意，这个日新不是新旧的新，那是很大的误解；应该是善于反思和改过以求自新之新，说白了，也就是改正错误，重新做人。这正是我们当代人要承担的大责任呢，不然错失良机，真的愧对祖先。我们这个民族，做错了事真的是觉得愧对祖先，不说对不起自己，这也是作为一个中国人应该有的原始的基本心态。

我们的文化基因里有善于应变的因子，祖先的思想智慧遗传给了我们。虽然几千年来，我们好像扭曲、误解了自己的文化，甚至真的搞到乱七八糟，但是我们的经还在，《易经》就是源头。找到源头也就好办多了，正本清源不是回到从前，我们中国人从来不走回头路。我们是要靠开发这个智慧而不是知识，去建立真正的可以在未来得到全世界认同的中华文化！

易经的民族与黄河的儿女

如果说我们中华民族是黄河的儿女，大概不会有人反对，因为我们一直以来都把黄河看作我们的母亲河，尽管她并不像慈母那样温和体贴，倒是时不常就泛滥成灾，但我们从未忘记她的哺育之恩。

更深一层思考，我们称黄河为母亲，还不仅仅是因为她为我们提供了生命之水，尤为重要的是她以她泛滥的无常和猛烈给了我们民族磨砺的机会。老早老早，谁要是能带领大家把黄河治好，那简直可以给我们做领袖；当然，治不好，也可能丢了脑袋，鲧和大禹这一对父子的起落祸福可不就是这样吗？人常说九曲黄河，黄河是善变的，她常常改道，所以我们有句俗话——十年河东，十年河西，有时还没到十年呢，就河了西了。那绝不是因为你人乔迁新居，完全是因为黄河又改了道。

闭上眼睛想象一下，九曲黄河穿行在中华大地上，还真像一条蜿蜒行进的巨龙，而龙的变化又是公认的"神龙见首不见尾"。与黄河神龙斗久了、混久了，我们民族的智慧也就开了，至于意志更顽强了那倒在其次。我们一开始是真的跟她斗，用的是蛮力，后来慢慢学聪明了，我们干脆抱在她身上，随她一起变化，这才发现省劲多了。于是，我们成了龙的传人——懂得变化应对之道。

《易经》就是讲变化应对之道的，由宇宙万象而人生道理，是老祖宗留给我们的宝贵遗产。不夸张地讲，它是解开宇宙人生密码的一部宝典。所有文献都这么记载——"易"是群经之首。为什么说《易经》是群经之首呢？因为，不管是五经或者六经都会把《易经》摆在最前面，所以叫群经之首。实际上，这句话讲得太客气了，《易经》应该是群经之"始"。也就是说，所有的东西都是从这里发源出来，它是中华文化的总源头、它是诸子百家之前的那个"一"，所以叫作群经之始。

那么，它又是如何完成的呢？要说咱们中国的东西，差不多都是集体创作，然后找个大家都认同的代表，冠上他的名号，包括中国思想，很难说是哪一个私人把它整个完成的。按照通常的说法，就是《汉书·艺文志》上那两句话——"人更三圣，世历三古"。也就是说，人有三位圣人，其中一个是伏羲，然后周文王跟周公他们父子一家人算作一个，这也很符合中国人的道理，然后是孔子。伏羲是什么时候？上古。周文王呢？中古。那孔子就是近古，或者叫下古。一部书能流传那么久远，而且经过多位圣人之手几番着力研磨，这本身就很能说明问题——人家是经得起时间和历史考验的。

有人说，那是用来算卦的书啊，也对。也确实因为很多人认为《易经》是算卦的书，才使它躲过了"焚书坑儒"那一劫。当然，你可以拿它来卜卦，它也确实能卜卦，然而，那只是它的小用。因为当时民智未开，圣人不得以以神道设教，反正效果好就好了呗，大家遵照执行。

《易经》给予我们的是智慧，是思路，而不是知识。知识过个十几二十年很多都没用了，它的更新换代太快，你拿着几十年前教你怎么修电视的书，对着今天的液晶电视恐怕还真不知道怎么下手呢。而智慧，就不会这样。智慧，它可以遗传，而且还不会过时。

中国思想源自伏羲，伏羲氏所创的八卦一直深刻地影响着中国人。中华文化就是在《易经》的影响下形成的，中国人的思维其实也源于《易经》。同一个世界，每个民族又有不同的花样，而这花样又为全民的大多数所认同和接受，这就是文化。而文化的不同，说到底是思维方式的不同，我们的思维方式决定了我们的民族文化，所以，说我们是"易经"或者"太极"

的民族绝不过分，这当然也有一方水土养一方人的意思在内。不要总是以为中国人的言行乱七八糟、模棱两可，如果我们用《易经》的道理来考察的话，你会发现，中国人的所作所为非常有道理。

《易经》的主要思想就是以人为本、天人合一，不像西方那样还要另外找个神，来做人的主宰，作天与人之间的中介。《易经》里有一句话，叫作"自，天佑之，吉，无不利"。它的意思是说，我们人要自己去了解天理，顺应自然，就会得到吉祥，也就不会有不利的后果。这说明：我们所重在人，在自己，也就是以人为本。

《易经》其实就是要把自然规律转移到人事方面来。中国的伦理从哪里来？就是从自然来。那这么有秩序的自然又是谁在管？如果伏羲当年说是神在管，那我们就产生宗教了。可是，他没有！这一点我们真得好好感谢他。他说：这是阴阳的互动，是自然孕育，是两股不同的力量在交互作用，很自然就产生了万物，并且周流不止，并没有别的什么特殊主宰。

你看，我们中国人跟老天格外地亲近，老天就是自然，我们用"老天爷"或"天老爷"来称呼他，既无比尊重又饱含深情，当然，还外加充分信任。老天很公正（平等对待叫公正），没有任何私心，他不会保佑任何人，绝不会因为你多拜他就保佑你，那样跟贿赂有什么两样？还算什么老天？老天只会帮助应该帮助的人。关键是看你怎么做，他就怎么样对待你，一切靠自己，你自己得努力！这才是自然规律。孔子是读懂了《易经》的，他的"尽人事，听天命"其实也就是这个意思——该我做的，我做了，至于结果怎么样，不苛求，那不归咱管。

人和天能亲近到什么程度——天人合一。真正懂得中国文化，就知道，说天是包括地在里面的，天人合一就是天、地、人合一。怎么合一？在心里合一，也就是天理跟良心合一。做人做事都要凭良心，良心从哪儿来？从天理来，也就是从自然规律来。人存在的价值，说到底就是要有天理良心。"天良"是"天理良心"的缩略，如果一个人被骂"丧尽天良"，那是很严重的，基本等同于"不是人"或者"禽兽不如"。

在中国，"合"的思想那是普遍存在的，不仅仅是天人合。我们分析问题、看事情、做学问都在运用合的思想，不像西方那样分，分科也是他们想出来的。

《易经》还告诉我们阴阳变化之道——所有一切一切的变化，不外乎阴阳的变化，其他也就没什么了。世界上再怎么复杂的事情，易经上四个字就讲完了——错综复杂！还能怎么样吗？所有事情，看了七千年还看不懂吗？历史的积淀和厚重，它的好处就在这里，我们能够非常精准地提炼要点，很短的一句话，甚至三两个字就把事情总结得清清楚楚了。全世界不管什么学问，从过去到现在，以至于还没发生的将来，我们都可以用一句话把它全部说完，就叫作"一阴一阳之谓道"。

那我们现在要问：一阴一阳，到底是一个东西还是两个东西？凡是回答"是一个东西"，或者"是两个东西"的人，那都没得到真传，还算不得标准的中国人。不是一就是二，那是西方人的二分法。"亦阴亦阳""一而二，二而一"这才是标准中国人的答案，大概也只有中国人才看得懂。

阴阳未发动之前叫太极，太极是一切的总根源，其大无外，其小无内。太极一动就生阴生阳，而且阴中有阳，阳中有阴。

阴阳一动，变成两仪、四象、八卦、十六卦、三十二卦、六十四卦。太极就叫"一"，"一"就是"中"，未发叫中，已发叫动。这样，已发之后，上面的两仪、四象、八卦、十六卦、三十二卦、六十四卦就是"华"（图1-2）。"天下之动，贞夫一者也"，天下什么样的动都有，但，那都是太极的动。

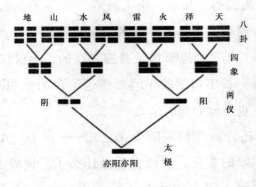

图1-2

所以，了解了《易经》，才能真正体会什么叫万变不离其宗，宗只有一个，就是太极。也才了解阴阳是不可分的，像白天跟晚上，我们就不好明确划分，它并不像开灯关灯那样，突然亮了突然黑了。现代科学不是也证明：男人身体里有女性荷尔蒙，女人身体里有男性荷尔蒙吗？可见纯阴纯阳很难，如果男人身体里完全是男性荷尔蒙，女人身体里完全是女性荷尔蒙，那么干脆就是男人类、女人类算了。阴阳是一体两面而已，我们细想几乎所有的东西大概都有阴有阳，只有这样才能互动，才动得起来，才能演化，才能周流不止、循环往复。

由此，我们很容易想到中国人的态度——经常是模棱两可，很少明确表态。不像西方人那样赞成就说赞成，反对就说反对；

我们大多时候都是"很难讲"。其实，也是真的很难讲，很多事情对错是不容易分的，我们只赞成它对的部分，反对它错的地方，既不是完全反对也不是完全赞成，本来就是"很难讲"嘛。

中国人想得很周全，本能地奔着阴阳兼顾去走，在阴阳兼顾中、在通盘考虑后，寻求那条最合理的道路。因为阴阳也是合的，太极本来就是一嘛，咱们就是太极的民族。

当今世界最明显的特征之一就是全球化与本土化的激烈冲突。地球村逐渐形成，全球化是必然的趋势，挡是挡不住了；同时，大家也看到，很多全球性的活动遇到激烈的抗争，这又是为什么？因为，全球化会引起人们的疑虑，大家很担心，全球化会把本土的文化整个消灭掉，而又没有哪个地区的文化愿意被消灭掉。当此之时，大家就会了解到只有像《易经》这么广大包容的东西，才能做到"求同存异"。

在中国，一个家庭里可以同时供奉观音菩萨和太上老君，而从来不担心他们会吵架，只是觉得多一个神仙保护有什么不好；不同宗教的信徒也可以做邻居，而且生活的很愉快；甚至和尚和老道都可以同游，还有说有笑不亦乐乎。不像西方那样，为了宗教打得头破血流。

我们能够做到尊重每一个地区的文化，同时，我们又能找出一个最大公约数，把它变成大同的因子，使得各个地区能够愉快和谐地接受。这个只有《易经》做得到，只有秉承易学思想精神的中华文化做得到！中华民族的历史就证明了这一点。我们中华文化那个"化"的功夫绝对了得，这正是《易经》的精神和太极的功夫。

改变的只是习惯与人性无关

　　都说中国上下五千年，那是从有史记载开始算的，其实还不止这么长。就像一个老人，饱经风霜，阅历丰富。曾经无比强盛辉煌，备受尊崇；也曾经无奈的颓唐衰落，备受凌辱。而我们现代人是距离那辉煌神气的时代比较远，而距离衰落屈辱的时代却很近。那种衰落屈辱下的矛盾和疑虑心理至今似乎还没有去，对中国人民族性的谩骂之声还依然不绝于耳，当然，相反的声音也总是有的。

　　骂也好、捧也好，中国人几千年来，永远还是中国人！

　　说中国人改变了，似乎没有。我们不是自己都常常抱怨中国人不改农业社会的习性吗？俗话说，江山易改，本性难移，又有什么办法呢？

　　说中国人没有改变，似乎也不对。我们有不少国粹主义者时常担心，中国人变了，变得越来越失去中国人的味道了。正所谓世风日下，人心不古。时代不同了，中国人也改变了。

　　这不是很奇怪吗？一点儿也不奇怪。全世界的民族还不都是这样？有不变的部分，就一定有变迁的部分。从社会文化发展的过程来看，不可能完全稳定下来，维持不变；也不可能变得完全失去了原来的面目，因为没有继承就没有发展，传统文化已经变成了民族的基因。

　　然而，中国人却又比较特殊。我们有那么悠久的历史，而且从未中断过，这在世界上是绝无仅有的，这总有它值得引起注意的深层次原因。中国人似乎有一种特殊的功夫，那就是

"在持续中有变化，在变化中又有持续"！

中国人一直在变，却又永远没有变。

所以，实在不必紧张，也不用怀疑"怎么样才算是中国人"。凡是认同中华文化而又正在实践中华文化的，都是中国人，他们都具有中国人的特质。这也是我们民族自古以来划分你我的标准。

如果不认同中华文化，失去中国人的本性和特质，就算你拥有中国人的血统，中国话说得很流利，而且面貌就是中国人，恐怕也已经算不得中国人了。

当然，认同与否，一定是出乎自愿，中华文化也从来不勉强谁去认同它。可是，中华文化就是有这样的魅力，只要你进来，就很难不被它吸引，进而化于无形。所以，有人笑称中国越是被侵略地盘儿越大，只要你敢来。

我们中国人是最了解人性的，我们祖先的设计也是按照人性来的，所以生活在这样的文化氛围里，人会感觉到幸福和快乐，尤其是从容。你看我们文化昌明的时候，那是万国来朝的，很多外国人络绎不绝地来到中国，有的甚至是长期居住下来。感受、学习、研究之下，他们也领略了中华文化的好处，随即拿到他们本国去照葫芦画瓢，模仿实践起来，也大都很有效果。

别说公认的优秀特质，即使今天被很多人诽谤中伤的缺点，细想也有它设计之初的深意。更有意思的是，我们一边矛盾着，还一边习以为常地做得自自然然，很可能还包括那些诽谤中伤者。

比如，你功课考了第一，别人夸奖你"学习好用功哦"或赞美你"脑筋真好使"，你怎么说？你敢回说："是啊，确实是这样的。每次我都是课前充分预习，课上认真听讲，课后好好复习，再加上脑筋也不差，所以每次都考得很好"吗？作为中国人，应该没人傻到这么说。我们大概都会说："没有啦，不过是瞎猫碰到死耗子，刚好老师出的那几道题被我复习到"。同样，某人升了官，别人去道喜："恭喜啊，高升了！"要是回答说："是呀，三年前我就开始计划了，精心准备很久了，现在终于如愿以偿了！"那这人就肯定不是中国人。中国人都会说："哎，没办法啦，老早就请我，实在推不掉啊"。你看，我们都是"推不掉"才去当的。

你会不会说，哎呀，中国人真虚伪？可是，各位，上面的两种回答，你更喜欢听哪一种？听了哪一种心里更舒服些？不必回答，问问你的内心就好了。你是怎样思考怎样做的呢？做的时候自然吗？

这就是文化，民族的性格早已打上了深深的文化烙印，它会从人的一言一行中很自然地表现出来，无法掩藏。更不必觉得丢脸，倒是可以深一层思考一下为什么会这样做。原来它自有它的道理。我们说的可能不是实在话，但我们说的是妥当话，是给别人面子，是尊重别人，不把人家惹毛。

伏羲氏老早就会仰观俯察，注意象的变化；孔老夫子更是明确要我们跟人说话一定要看着对方——未见颜色而言谓之瞽，不看着人家脸色乱讲话简直就是瞎子。不体察别人的心思自说自话，其实是不顾及别人，是自大的表现，或者直接就叫作"目中无人"。

中国人是最懂人性的，我们的思想和文化始终是以人为本的，我们世世代代一直这么做下来，做得那么的自然，叫作民日用而不知。做得时间太久了，熟练到我们都不用去找理论支撑，大家都自觉地、得心应手地在日常运用。而近代百年的屈辱和西方"先进"文明的冲击，使我们开始信心不足，开始自我怀疑了。所以，现在我们有必要整理一下我们的思路，还原到中华文化、中国思想的本真。

的确，论科技，西方这 400 年来引领世界；若论思想文化，中国却未必输给他们。只是自汉朝以来，我们太重视"道"，而忽略了"器"，偏离了"道器合一"的精神。而西方人在近 400 年的迅速崛起，恰恰是因为他们专门从"器"上谋发展，换用现代的话来说就叫作"科技"。西方人正是凭借科技的强力打开了中国的大门，造成我们刻骨铭心的百年屈辱，简直要把中国人的自信心整个压垮。

好在，我们中国人有一种永远不服输的精神。你看我们的足球队就好了，明明这次输了，还都说：下次再来！这次是我们远道而来，没休息好，水土也不服，又是客场，拉拉队呼声也不高……总之，我们有一大堆理由，没有谁肯服服帖帖地低头认输！想想我们自己平时是不是这样？我们中华民族也就是靠这股永远不认输的精神，才能在无比艰难困苦，甚至是绝境中一次次地再爬起来！这绝不是简单的所谓阿Q精神。

中国人还是天底下最喜欢自作主张的民族，这一点到现在恐怕也没有变过。在中国，有时候，照着原来的施工图去检修地下管道，很可能找不到。因为，施工的时候不知遇到了什么实际问题，几个施工人员一碰头儿："这图纸谁设计的？根本不合理嘛，改！"得，临时一商量就改了道儿。

你说，哎，这也太随便了吧，简直是无组织无纪律。没错儿，可你看到的只是一方面，还要考虑另一方面——人之所以为人，就在于人有尊严，有尊严就是自己可以做决定，也就是要有自主性。如果一个人样样听人家，那不成了人家的奴才了。当然了，我们不是鼓励随便改图纸，但是这种要自主的精神是很可贵的。尤其，在变化越来越快的社会时段里，快速准确的判断和决策无疑是非常重要的，按部就班在这时候就有点赶不上节奏了。

有人说，百年的屈辱使我们开眼看世界了，使我们民族觉醒了，也让我们的生活更文明了。我们变化很大呀，你看，我们剪了发辫，我们不随地吐痰了，我们也建起了高楼大厦，我们连衣服都换了西式的，几乎人人都会说英语了……

我们确实变了，而那变得更多的是习惯而不是人性。要知道，我们中国人对于有形的东西向来是不怎么在乎的。我们好像不太重视什么老房旧屋，对于申遗也不像人家那样的"积极"和"用心"；我们的服装也可以改来改去，到今天连一套自己的衣服都没有；外面的新鲜玩意儿来了，我们学得也很快，生活方式早已不是从前的样子。但是，对于无形的东西就完全不一样了，要想改变中国人骨子里的东西，改变中国人的性格特质，真的很难很难。

然而，这又有什么不好呢？生物科学已经证明，多样性有利于动植物的生存发展。这条规律同样适用于人类社会，文化也需要多样性，多样就必然各有特点，而特点其实不能说是优点或缺点，它只是特点。有特点才可以互补，所以，要求同存异。同时，也应该认识到，时间不同，总有一种文化当令，在这段时期内，该种文化有它的责任，也应该尽到这种责任！

随着社会的发展，大家会发现，中华文化是值得发扬光大的。现在全世界都知道，科学不能解决所有的问题，科学如果不能导正方向的话，很可能导致人类的毁灭。只有回归"道"才能拯救人类，而这个"道"恐怕还得到中国来找。当然，"道"是包括"器"在内的，"合"的思想永远不能丢。

如今，很多外国人都在学习、研究我们传统的经典——《易经》《论语》《道德经》《孙子兵法》，等等。孔子、老子等先贤早就成了全世界的圣人，而不仅是在我们本土。在未来的世界，在快速全球化的 21 世纪，极具广大包容特性的中华文化正当其时！

第二章　定下基调

一画开天

无疑，从人类诞生的那天起，就面临着生存的问题，自然也思考、研究着怎样应对这些问题，形而上之那就是关于宇宙人生的大学问。然而，那时还没有文字，发明文字那是很久以后的事了。

没有文字，怎么做学问呢？看象，宇宙自然的现象。

在远古时代，人与天地的距离似乎比我们后人更近。没有高楼大厦的阻挡，也没有万头攒动的人潮，俯仰之间目光所及就到了天地的尽头。伏羲氏就是仰观俯察成效最卓著的人，他应该是识破天机的第一人，或者说是破解宇宙人生密码的第一人。

只自己识破了天机，了解了宇宙人生的奥秘，自家独享，秘而不宣，大概我们今天也就不知道有伏羲这么个人了。在中国，能被大众牢记不忘，世代传颂的人，那一定是对人民有大贡献的。西方人要想得永生，那你得求助上帝，所谓"信我者得永生"；中国人要想得永生，那你只要活在大家心里就好了，也就是精神不死。外国人不懂得我们，总认为中国人喜欢拜偶像；我们自己应该清楚，我们还真不是拜偶像。我们只是对那些生前真正为人民提供最好服务，为大众做出杰出贡献的人十分感念，我们拜他是对他表示感谢和纪念的意思，就像我们祭拜自家祖先。可以说，中国人根本不崇拜什么偶像，我们只拜祖先和圣贤，以示我们不忘本的意思。

伏羲氏就是这么个人，一位真正能为人民大众解决实际问题的人。

各位，那时候人民大众面临的实际问题是什么？大家不妨试想，当初，咱们的老祖宗还没进入农业社会呢，那他们靠什么过日子呢？靠打渔、狩猎呗。一个人要出去打渔、狩猎，他最想了解，也最迷茫最担心甚至害怕的是什么？自然环境。既然是去打渔、狩猎，那就不是简单的旅游，疏散了心情就了了事。大家还等米下锅呢。首先，你得弄清方向吧——那时候绝少人文景观，很难找到理想的坐标，走远了很可能就找不着北了，也就找不着家了。其次，不能大老远的跑一趟空手而回吧，你得奔着目标去吧，换句话说，你得确定将要去的那个地方有猎物。第三，不能半道儿遇着泥石流，白丢了性命吧；第四，还得避免没打着猎物，先让猎物把自己给猎了去吧……

由此可见，远古为了人类自身生存的渔猎活动，还真不是件容易事儿。那绝不像今天的骑马、垂钓，专门花钱买票尽是为着娱乐。很有些"人为食亡"的危险成分在里面。

所以，很多人就去问伏羲，说明天我要出去，你帮我看看哪个地方猎物多，天气好不好，千万别赶上狂风暴雨、泥石流什么的。伏羲氏算了算，就告诉他：明天是大太阳，你去好了，而且那里猎物会比较多；明天你如果往东走，有雷，你千万要注意；你往西北走，大雨，最好改期……

伏羲简直神了。刚开始，大家还将信将疑，可是后来实践证明，每次伏羲说得都很对。于是，问他的人越来越多，他简直应接不暇，怎么办？贴布告——画卦，画好了就挂树上或别的什么显眼的地方。

伏羲的神不是神秘，人家那叫神通，通天地，通宇宙，然后推理。我们说，伏羲氏那是找到了大自然的规律和一种代表自然的力量，把整个宇宙人生的道理都想通了以后，才开始画卦的，而不是着了什么神的道儿，不是迷信，所以我们对他那一画非常的恭敬，把它叫作"一画开天"。他就用简单的一画开天来告诉我们，太极代表了宇宙自然的秩序，它是有规律的。咱们的中国思想、中华文化就是从伏羲这么看似简简单单的一画开天来的，那一画开天就是我们的宗。这个宗后来又变成了经，经就是经常要遵守的规则，也就是不能变的那部分。除了不能变的经之外，其他都是可变的。伏羲这"一画开天"着实不简单，他为我们思想文化的发展定下了基调。

首先，地球只有一个。这句话我们大家都非常熟悉，而且还差不多都以为这是西方科技传入中国以后，我们才认识到的事实和真理。其实，你大概不知道，《易经》不但早告诉了这个，除此之外还告诉我们更深刻的道理。那就是，在这个地球上，万事万物都是共通的，不管是人还是动物，也不管是生物还是非生物，这个共通的基础就是太极。当然，太极这个词是后来孔子首创的，伏羲那时候不是还没文字吗。不过，太极也就是那个"一画开天"的"一"，也就是孔子"吾道一以贯之"的"一"。既然所有的东西都有这个共通的"一"，那么彼此就有关联，就不能完全割裂。求同存异也就是在这个思想基础上形成的。共同的部分，我们要保留；不同的部分，咱们彼此尊重。直到今天，人类依然离不开这条原则，甚至在被科学证实了这确实是真理，而且处在全球化的时代，它的用场或许还更大呢。

其次，既然世间万物有着共通的东西，那我们想问题办事情，就得从合的观念出发。这应该也是中国特色吧。你看，中国人做学问，原本是不分科的，后来，引进了西学，也开始分科了。分科分到最后，就有了专业和专家。专家就是那个小小领域内懂得多多的人，你讲的我听不懂，我讲的你听不懂。大家都听不懂就是高深吗？恐怕也未必。学问之间应该是互通的，通是宇宙的真理。要想成为大学问家，一定要有"合"的思想观念，才不至于太局限、太狭隘。

第三，天无不覆，地无不载。无论是好人坏人；无论白种人、黑种人，还是黄种人；也无论植物动物，或者生物非生物，天地都覆载，可见，天地是公正无私的。天无私，地无私，那人要怎么办？自修，修到和天地一样无私，这就是人的责任，所谓的修养，也不过如此。那这样修养到底是为了什么？想想伏羲一画开天时的自然景象，只有天，只有地，只有人！我们说，三画卦最伟大的贡献，就是替人类在天地之间做了很明确的定位——上面为天，下面为地，中间一画就代表人。这样，我们才会了解伏羲氏他的目的，是要人类帮助天地来改善这个世界的，也就是"参赞天地之化育"，这是人生而为人的责任。这大概也是老天特别给中国人的很神圣的责任，因为，似乎全世界只有中国人意识到了。

第四，阴阳和阴阳之间的关系。伏羲画卦，或者说八卦以至于后来的六十四卦，看似复杂的这些卦象，其实也就是两个符号——阴（--）、阳（一）的排列组合。那么什么是阴，什么是阳呢？阴阳的关系又是怎样的呢？大自然包罗万象，而且千奇百怪，要是细分的话，那将是一个看不到头的天文数字，估计要看得我们头大。好在，中国人的学问不这么做！咱们抓根本。《易经》只用了阴阳两个符号，或者叫元素，就把宇宙万物给包含在内了，阴阳是构成宇宙万事万物最基本的元素。要了解自然，了解人类自己，绝对可以从阴阳入手。阴阳的内涵实在是太多，也实在没有办法一两句话说清楚。但可以说清楚的是，阴阳是相对而生的，有阴就有阳，有阳就有阴，而且是阴中有阳，阳中有阴。这样才可以互动，才可以起变化。所以，中国人说"阴阳合一"。而且，无论怎样变化，最终还要"归一"，也就是回归太极，回归原点，再从阴阳重新出发，圆道周流。

那么，在蛮荒的原始时期，伏羲是怎么发现宇宙奥秘，又是怎么画出八卦图来的呢？他用的方法是什么？伏羲起码用了三种方法，而且，这三种方法对我们中国人的影响又是极其深远的。

第一种方法，仰观。大家会说：仰观还不简单，头一抬就看到天上了。可是我们细想就会发现，就是这看似简单的行为却是人类专有的权力，动物根本无权仰观天象！

　　第二种方法，俯察。需要特别指出的是，俯察不仅是察外物，还要察自身。一个人就是一个小宇宙，所谓"万物皆备于我"，比如自然界有山，那人也应该有山，那么人的山在哪？就是鼻梁嘛。也就是说，宇宙所有的东西，在你自己的身上统统都能找到对应。这大概也是人类独有的意识吧。

　　第三种方法，广角。也就是不能光看一个地方，你要多看一点，四面八方都要看一看，要看得很周到，想得很周密，一点都没有遗漏。这样才叫作《周易》，不完全是周朝或周文王的关系；周就是很周密、很周详，而且是周流不停，往复循环、生生不息的。

　　那好，既然这么周密、周详地掌握了自然宇宙的奥秘，怎样把它传播开来，以利民生呢？遥想伏羲当年，那时根本没有文字，靠什么传递这伟大的心得？也只有图画了。伏羲八卦图（又称先天八卦图，如图2-1），就是我们说的"无字天书"。你看，后来加了文字的《易经》也还被人们习惯地称为"无字

图2-1

天书"，因为它实在是奥妙无穷。

　　没有文字有没有文字的好处。没有条条框框，更容易融会贯通不受局限，这就是图画的优势。文字，说一大堆，也许还说不清楚，或者说清楚了却不周全；图画简单一画，内容丰富，所谓"尽意莫若象"。其实，我们的文字最初也还是根据图像来的，有的就是根据伏羲八卦造出来的。然而，伏羲氏画卦并不是为了造字。如果伏羲为了造字，他的成就绝没有现在高，最多也就像仓颉。仓颉是把字造出来了，但仓颉的名气要跟伏羲比，那是比不上的。

　　伏羲知道，整个宇宙自然的系统就体现为象和数。所以，伏羲八卦不仅是图像，还包涵数（当然，象和数的背后还有个理在）。这个数，不是单纯的数学之数。中国的数，那是有生命的，是活的，是变化无穷的。直到今天我们还在说：你心里有数没数？我心里有数。它绝不是简单的数字。伏羲根据人们的需要，慢慢推出不同的卦象，并把这个介绍给人们。告诉他们这是什么？这是2、1、2（☵），就代表下雨；那是2、2、1（☳），表示打雷……这就是人类所知道的最早的密码。这简直就像咱们今天的电报码，用几个简单的数字这样打，对方就知道你说什么了。也很像我们今天的电脑，0101就可以构成浩瀚无穷的网际网络，01和12不过是名称不同罢了，其实质都是一阴一阳，产生宇宙万象。所以说，数位化时代其实老早就开始了，我们不过是承接它的路线走下来而已，实在没有什么了不起。

　　由此可见，宇宙大系统不是单纯文字就能表述的，丰富深奥的、关于宇宙人生奥秘的思想体系，也不会或不能只寄托于单纯文字的表述。也可以说，中国思想，从伏羲的八卦图开始，就包含了现在所谓"自然科学"的成分，象和数本就是科学的。

伏羲的用意是要告诉人们整个宇宙的状况、自然的规律，让大家知道怎么样去适应、怎么样去改善。可以说，我们中国人的思想文化乃至行为，那都是从效法自然得来的。自然是唯一的、也是最高的判断标准。合乎自然的就是善，不合自然就是恶；合乎自然就是好，不合自然就是不好；合乎自然就是对的，不合乎自然就是不对的，就算眼前是对的，迟早一定是错的。《易经》里很重要的一个道理就是告诉我们要"顺应自然"，万事万物只有在这样的前提下才能更好地生活和成长，我们人类也应当遵循自然的法则去做人工的事情，包括科学，以期尽可能长久和幸福地生活。

从八卦到《周易》

伏羲氏在还没有文字的情况下，一画开天、生阴阳、创八卦，希望告诉我们宇宙自然的规律。然而，高深的道理不是人人都看得懂的，伏羲很清楚这一点，那他就深入浅出地指导大家做起来，能真正运用在日常生活中也很不错了，这就叫民日用而不知。

然而，时代在发展，社会也越来越复杂化，当授道解惑的人渐行渐远，百姓日用间的践行也难免会跑偏。何况，伏羲氏当年画卦的时候是没有文字的，所以他就有很大的空白性。后来既然有了文字，有智慧的人也还在热心研究伏羲八卦，而且越研究越热心，总想把它用文字注解出来，可这需要大智慧。

好在，圣人终于出世了。

周文王，那是一代圣人。

周文王，人家有智慧，能感悟到人类社会的规律与大自然的规律有很多相通之处；人家也有基础，有家学渊源，打小就热衷于伏羲八卦。据说算卦"百算百中"，人家可以画地为牢，根本不用设有形的监狱，犯人也甭想跑，跑哪儿追哪儿，藏不住。姜太公不也是人家算来的吗，当然了，那也是愿者上钩。不管怎么说，反正人家那是神算，所以后来算卦的旗晃儿都写着"文王八卦"。

算卦归算卦，可演卦那是需要条件的。光有智慧、有阅历不行，还需要时间，需要静下心来着实钻研。

机会来了——文王拘而演周易。大家都知道，周朝之前是商，也叫殷商，商朝本来也是一个很好的朝代，但是传到商纣王的时候，就完了。纣王虽然有才能，但是品性太差，暴虐无道，上至诸侯下至百姓都怨声载道。比较起来，当时的老百姓更欢迎周西伯，也就是后来的周文王。西伯侯这么得民心，商纣王当然有点紧张，就找个借口把他抓起来关羑（yǒu）里了，而且不说啥时候放。文王不像一般的人，一旦坐了牢就颓丧了。人家心里很平静，不单平静，还得做点儿什么有意义的事情，除了教化羑里那一片儿的百姓，更大的事业就是推演伏羲八卦，给无字天书加注解了，也就是写《易经》。可能，当醉心于自己热心的事情时，也能减少不少苦闷。总之，他为了顾全大局，要保住性命，没有马上跟纣王对抗，而是忍气吞声，忍辱负重，这才完成了理想，成就了伟大的事业，以利后生。

周文王把自己宝贵的人生经验和亲身体悟，透过六十四卦保存下来。他为六十四卦的每一个卦都写了卦辞，每卦六爻，每一爻也都写了爻辞来说明（也有说爻辞是周公写的），费尽苦心、字斟句酌，这就是最早的《易经》。文王六十四卦推演下来，居然天衣无缝，既环环相扣又没有矛盾，而且可以互补。

其实，六十四卦还是八卦，八卦就是六十四卦；《易经》就是八卦，八卦就是《易经》，连起来就叫易经八卦。六十四卦不过是八卦两两相叠，重新排列组合得来的，所以又叫重卦。下面一个叫内卦，上面一个叫外卦，这样一来三画卦就变成了六画卦，也叫六爻卦。之所以这么变，是因为人类社会越发展，人事越复杂，三爻卦已经不够用，而六爻卦就很精细了，也很科学。

至于为什么只用六爻变，起码有这么两种解释。一种是孔子在《系传》里说的："六爻之动，三极之道也。""三极"也就是天地人"三才"。人文文化中人有男有女，天地也同样有阴有阳，二三得六。这是孔子的心得，几千年来，我们没有脱离他的范围。第二种是说，"六"代表事物发展的六个阶段。宇宙间的事情物理，都是按照这六个阶段发展的，没有超过六个阶段的，也就是我们常说的"六六大顺，逢七就变"，第七个变就已经是另外一个新局面的开始了，这也是被现代科学证明了的。

那么，这六个阶段是按怎么个顺序走的，或者说六爻卦亦或三爻卦是从哪里画起？从下面画起，由下而上，由内而外。这也是《易经》给我们的启示，所谓"气由下升"。引申一下就知道，《易经》告诉我们：天下的事情要发生变动，那都是从下面开始的，也就是从基层变起；或者说宇宙事物的变化，是内在先开始变，比如人的变，就是内在思想先变，别人要想改变你，那是相当难的。中国人说的："物必自腐，然后虫生"，也就是这个道理。

一卦有六爻，64 个卦就有 384 爻，384 个爻的变化那就非常复杂了，叫作"牵一发而动全身"。单从一个卦的变化就可以看出这种复杂性，每一个卦起码都可以变出八个卦，八八六十四，这就从八卦变成六十四卦。每一个卦还有错卦和综卦，综卦就是把本卦掉个头，从对面看过来的那个卦，错卦就是位置不变，六个爻阴的变阳、阳的变阴。此外还有交互挂，也就是把本卦的二三四爻配合成一个三画卦（互卦），三四五爻也配合成一个三画卦（交卦），然后把交、互两卦上下重叠为一个新卦，就是本卦的交互卦。除此以外，各个变卦分别还有他们自己的综卦、错卦、交互卦。够乱的！没关系，你只要知道这就叫错综复杂就好了。对于一个卦，要上、下、左、右、里、外、前、后多个角度都看到，还要看到这里面的交互变化。对卦是这样，对宇宙自然，对人事百态也得这么看。眼观六路，耳听八方，八面玲珑就是这么来的。反正就是要周到，别以偏概全，这就是《周易》也就是《易经》给我们的思想。

《易经》广大悉备，无所不包。六十四卦比八卦更精细，一个重要的体现就是六十四卦方圆图（见图 2 - 2）对于时空的绝妙把握。这里的方图代表方位、方向，是管空间的；圆图代表时间，代表宇宙的运行法则。图中蕴涵了宇宙人生的奥秘，即便现代科技发达，也还没有达到它的高度，也还不能完全解释它。但是，从中却可以看出，我们中国人的思路那是和时空紧密联系的，完全是取法自然得来的，做人做事是一套东西，而且这套东西直接和宇宙自然声气相通。不像西方那样是分开的，做事的划给科学，做人的划给宗教。

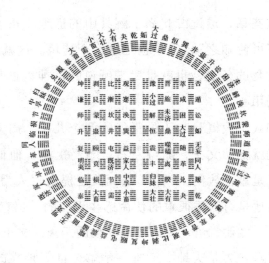

图 2-2　六十四卦方圆图

文王演《周易》，不过是想把宇宙自然的规律引进到人世社会上来，这其实也就是伏羲氏一画开天、生阴阳、创八卦的初衷。他们都通晓了宇宙的自然规律，更明白人类是自然的一部分，自然的规律和人类社会的规律是相通的，所以要引导人按照自然规律来做人做事。

很庆幸，咱们的圣人也是心灵相通的。伏羲、文王之后又有周公、孔子生，他们身体力行并积极推进，继续发扬伏羲氏和文王的思想精神。

礼乐文明建制

商朝是一个非常迷信的时代，当时民智也还没开，要一下子破除迷信，那是相当困难的，几乎不可能。这样，周文王才会用卜筮的词句，用卜筮的形式来写《易经》，用吉、凶、悔、吝、无咎这些话，透过占卜来了解其中的道理。孔子说"民可使由之，不可使知之"，应该也是这么个情境。这就给《易经》披上一层神秘的外衣，也就是后来所说的以神道设教，其实这是他良苦的用心。

周公和武王大概是文王最贤能的两个儿子，周文王在世的时候，他们就辅助文王，随侍左右，颇受熏陶，他们深深地理解父亲文王是重在教化。所以，当周武王提出"人为万物之灵"这句话时，他是有很重很重的使命感在里面的。那意思就是说：既然身为人，就要觉悟，要拉开跟动物的距离。文王在《易经》里不是说了吗：人是天地之间唯一能够帮助天地来改造这个世界的一种动物，这是我们的责任。其实，这正是《易经》的宗旨，或者说是周文王的宗旨，武王把它明确地提出来，说明他真正理解了先王的意图。

礼乐就是为了教化。在周王朝刚得天下的那段时期，武王继承了父亲设计的礼乐，也因袭了殷礼。一方面，周文王时代就很重视礼乐，而且，经过精心设计和多年实践，颇具规模，颇有成效；另一方面，殷礼也还有可取之处，该继承的也要继承，不能为了创新就完全弃旧，关键是看旧的合不合理。当然，即使因袭，也必有它自己的一番统一性。这里自然有周公的一番心血，尤其在武王克纣六年崩后，周公摄政，再六年，正式制礼作乐，成了系统也成了制度。

周公姓姬、名旦，是周文王的儿子，周武王的同母弟弟，周成王的亲叔叔。因早前被封在周（今陕西岐山北），所以称周公。周公是中国历史上伟大的政治家、思想家，是能够与孔子并称为圣人的人，而且周、孔并称的时候，恐怕还得周公在前，孔子在后，周公称先圣，孔子称先师，周公称元圣，孔子称至圣，周公被封为文宪王，孔子被封为文宣王。如果把我们的上下五千年分成前后两个阶段，则可以说，周公是前一阶段礼乐文化的代表人物，孔子是后一阶段儒家文化的代表人物。

不管为伏羲八卦做注解也好，还是为万民教化而设礼乐制度也罢，首先，这个设计者要真正悟得宇宙人生的大道理。不经世事、不经困厄大概是没法悟的，一是没那闲工夫，二是更没那心境。文王拘羑里而演《周易》，据说写的是卦辞；周公居东才有的爻辞，也就是说爻辞很可能是周公写的，而且是在"居东"的时候，"居东"也就是周公的困厄。为什么困厄？简单说来就是：武王一死，继位的儿子成王还是个小孩子，所以让周公摄政，武王封在东边儿的另三位弟弟不干了，都想自己揽权当大王，却给周公泼脏水，说周公大概要篡位，我们要清君侧，竟然纠合了纣王的儿子搞叛乱，结果让周公给平了，就此也消除了商的残余势力，征服了东方很多小诸侯国，实际上是为了稳固周的统治基础。周公的行为可没得到侄子的认可和理解，得到的只有误会，人家还小嘛。所以，周公这段时间心里是十分苦闷的。很多明眼人都说：作《易》者大概有忧患吧，那指的就是文王和周公父子。

常言说，日久见人心，加上老天示警的帮衬，最后成王终于理解了周公，认可了人家勤劳王事的甘苦。从此以后，周公得到了成王的完全信任，一切政事全交周公处理，自己心悦诚服、再无怨言。于是，周公得以逐步实行他的政治理想。

最著名的，也是影响最为深远的，那就是制礼作乐。当然，礼乐是伴着宗法制和封建制一起施行的，但我们这里暂不去说它，只着重说礼乐。周公的心志和先王是相通的，制礼作乐是为了教化。当然会有人马上站出来说：他那是为了他们的家天下，是为了维护统治。这可能就有点儿"以小人之心度君子之腹"了。圣人的名号不是那么容易得的，对几千年来大家公认的事情还是要持尊重的态度。

人家那套制度也是先试点后推行的。新都洛邑就是新礼乐的一个试演场——周公既定乱，以殷民建洛邑，因势利导，遂会诸侯于明堂。明堂者，乃明诸侯尊卑之意。这一次会合诸侯特别值得重视，因为就是从这一次开始，颁布了朝见的位次。位次的决定，即表示封建制度的完成。而且，效果还特别好——周公建立明堂而朝诸侯于其位，制礼作乐，颁度量而天下大服。既然天下大服，说明当时的人们那是相当认可的，应该是心悦诚服。也只有大家都心悦诚服，才可以传播久远，也就说明它真的合情合理。我们中国人一般都是说"合情合理""合理合法"，大概还没有倒着说的，可见在中国人心里，本来就是按照"情、理、法"的顺序依次排列的。这应该也是长期传下来的思想文化，充分体现着以人为本、道法自然的中国思想精神。"礼"正是从"理"来的，是从"宇宙自然之理"来的。

礼是中国文化的一大特色，其范围那就太广大了。举凡政治制度、行政法规、社会规范、宗教仪式、外交礼仪，甚至两国交兵，都有礼的存在。周公制礼，传了三百年到春秋的时代，还能看到此礼的遗迹。那时，列国贤大夫判断人的吉凶皆以礼，无礼必亡身；而外交人员见面也要先赋诗明志——来个咏叹调，用这种方式代替直接的表白，目的就是为了稳住对方的情绪，避免直接的冲突。这实在是伟大的发明，周公制礼成了大功德，传颂久远，也影响深远。

　　礼的真义，其实就在以谦让完成事情，也就是以和平的手段求得事情的顺利完成。抓住这一点来看周公的礼，就会更真切。从这个意义上，也可以看出礼与乐的密不可分。乐有融洽的本质，再配上礼，自然可以促使典礼或事情顺利地进行，并圆满地完成。《诗经》除《国风》为民谣外，《颂》为宗庙之乐，《小雅》为燕飨之乐，《大雅》为朝会之乐，《雅》《颂》多有追叙祖德考烈之作。"追叙祖考之德业，孝也；燕飨劳士，体惜也。孝则民德归厚；体惜则劳而不怨。辞让和平之心因而兴起"，所以，要参透周公之礼乐真义，不可不读《雅》《颂》。

　　周公之重礼让还可以从他表彰文王受命，不歌颂武王武烈看出。也就是说，周公倡导天下可马上得之，不可马上治之，文德重于武烈。而且，天下既然一统于周，那么，马上在明堂追祀文王，使配上帝，告诉天下人我周朝是以孝治国的。孝是礼的大关节，没有讲究礼而无视孝的。这种思想无疑影响了中国数千年，上至皇帝下至庶民，直到今天，我们大概也还不好就否定它。周公制礼作乐大有深意，不可全以私心来揣度他。

　　礼乐文化是中国五千年文化史上出现的第一个完备的文化形态，而周公是礼乐文化的最重要的创造者。礼乐文明的基本指导思想是"敬德保民"，也就是德治思想。周公在中国历史上之所以能形成如此之大的影响，原因也正在于此。周公提出的德治思想，开启了此后三千年的中国文明历史，而且礼乐文化直接孕育了儒家文化，儒家文化则在西汉武帝时代一跃成为中国文化的主流，这就是后来儒家思想的渊源。正如近代学者杨向奎所说："没有周公，就不会有武王灭殷后的一统天下，没有周公就不会有传世的礼乐文明，没有周公就没有儒家的历史渊源；没有儒家，中国传统的文明可能是另一番精神状态。"

直到今天，我们可能还会隐约感觉到，自己的基因和血液里好像还有这些思想意识，甚至在行为上都经常体现出来。因为，通过参模宇宙自然规律，来设计人类社会制度，本身这个思路就是正确的，至于具体制度的形式那倒是可以与时俱进。根本思想精神源于自然，符合自然规律，这才有生命力，才能真正传承久远，虽历劫而长存！也才有十足的魅力，吸引、影响后来者去再挖掘和再发扬。

为《易经》插上翅膀

孔子就是周公的粉丝，更是周公思想的发扬者。可以说，孔子的思想与伏羲、文王、周公一脉相承，他们都是参透宇宙人生之理，并将这深切的认识与体悟记入《易经》的人。如果说《易经》是中华思想文化的源头，那么，他们就是定下这基调的三代圣人。所以，从这个角度，我们先把孔子给《易经》作传的事提前拿到这里来讲，其他则专章另叙。

我们现在说的《周易》其实包括两部分：一是《易经》，一是《易传》。《易传》又称《十翼》，包括《彖上传》《彖下传》《象上传》《象下传》《系辞上传》《系辞下转》《文言传》《序卦传》《说卦传》《杂卦传》，是对《易经》的注释，要想读懂《易经》那你得先读《易传》，没有这十支翅膀，你还真飞不起来。太史公司马迁十分明确地认为，孔子是《易传》的作者，《史记孔子世家》载："孔子晚而喜易，序彖、系、象、说卦、文言"。然而，后世颇多质疑，到了 20 世纪上半叶，《十翼》非孔子作品反倒成了多数人的共识。可是，随着帛书《易传》及郭店楚墓竹简的出土，最终还是认定《史记》所载不诬。

其实，中国人自古讲究的是成一家之言，很少说个人意见，因为我们深知个人的力量是微不足道的，我们讲师承。大家可以有发挥，也可以有修正，但就是不去推翻老师，咱们是去加砖添瓦，不断累积和调整，只是到时候找一个普遍认可的人作为代表，冠上他的大名。试想，一个人的生命有限，想的难免不周全，有后来者在基本理念的基础上，不断进行补充和调整自然更合理，也更有生命力。所以，没有专利权也未必全是坏事。

大家都知道孔子"韦编三绝"的故事，那就是看《易经》看的，所以，说孔子最爱看的书是《易经》，估计没人有意见。《易经》在周代上流社会是常见的典籍，而它的主要作用就是用来占卜吉凶。没办法，那时候民智还没开，大家都迷信。周文王作《易经》时也不能不考虑这个社会实际情况，所以为了适应当时的情状，就给《易经》批了层神秘的外衣，使它看起来很像算卦的书，而且照此算卦还很灵。没法不灵，因为《易经》是从宇宙自然规律来的，只要你真懂得了宇宙自然规律，由此推理判断，那一定很灵。但你要说我是靠推理判断来的，没人信；你要说，这是算卦算的，这是神明的指点，大家觉得就很可采信。比如，要告诉人们不许对尼姑无礼，大概对坏人还是无效；但是要告诉他遇到尼姑会倒霉，大概人们就很小心，见了尼姑看都不敢看，躲着走，这样尼姑就很安全。咱们得这么想，才觉得神道设教还是可以理解的，尤其在民智未开的时候。任何事情用到合理就有价值，这就是咱们中国人的一阴一阳之谓道。

　　孔子对《易经》的认识，与时人相比，既有相同之处，也有不同之处。相同的是他也用《易经》来占卜，预卜行为的吉凶结果，而且，从没否定过《周易》的占卜功能。不同的，孔子并没有停留在《易经》的卜筮功能上，而是更多地关注其道德因素，或者说要把宇宙自然与人生社会做通盘考虑，要将宇宙自然的规律转移到人类社会，将两者打通。这当然是可能的，因为人本来就是自然的一部分；这也是必须的，因为如果人类不能认识到这一点，与自然悖行，必然是自取灭亡。这个工作从伏羲、文王、周公，就一直在做，但是，这需要时间，不可能一蹴而就。而在这条路上一旦做出成绩，那无疑就是圣人。"世历三古，人更三圣"表彰的就是他们，孔子便是那离我们最近的一位。

　　孔子算卦，算到后来得出一句话——不占而已矣。这跟善易者不卜是一个意思，也就是宇宙自然的道理都了然了，也就没必要算了，一想就那么回事。所以孔子说：易，我后其祝卜矣，我观其德义耳也。也就是说我看中的是《易经》里面的道理，占卜那是次要的。又说：君子靠德行求福，不一定祭品摆得很丰盛；靠仁义求吉利，很少去问卜。由此足见，孔圣人那是真正抓住了根本，真正理解了先贤的良苦用心。

　　孔子对《易经》的兴趣主要集中在其"古之遗言"上，关注的也确实是其道德训诫意义。但是，需要指出的是，仅停留在道德层面的人伦意义来评价《易传》却是不恰当的。孔子作《易传》别开生面，并非是为了作《易传》而作《易传》，这与汉学家标榜的严守经文的疏释原则是绝不相类的。孔子人家有阐释，有增益，有发挥，还有高度和深度，应该算是三作者之一，而不能仅仅算作译者。而且，人家也没把象、数和理分裂开来，在孔子那里象、数和理那还是一套统一的体系。

从道德的角度阐扬易理，倒未必就是孔子的发明，孔子作《易传》的真正价值也并不在此。谈到孔子作《易传》的价值，章太炎先生的那段话比较恰当：孔子赞《易》之前，人皆以《易》为卜筮之书。卜筮之书，后多有之，如东方朔《灵棋经》之类是。古人之视《周易》，亦如后人之视《灵棋经》耳。赞《易》之后，《易》之范围益大，而价值益高。《系辞》曰："夫《易》何为者也？夫《易》开物成务，冒天下之大道，如斯而已者也。"孔子之言如此。盖发展社会，创造事业，俱为《易》义所包矣。此孔子之独识也。

也就是说，孔子他老人家通过给《易经》加《易传》，把《易经》在当时人和后世人心里的价值地位大大地提升了，甚至可以说使它产生了质的飞跃。这是因为圣人慧眼独具，更兼心有灵犀，透过《易经》那层神秘的外衣，看到了它的精神实质，并适时地找一个恰当的角度去阐扬。

孔子找的这个角度就是道德。这和他所处的时代密切相关。孔子所处的春秋末期，周公所制的礼也崩了、乐也坏了；天子的尊严几乎荡然无存了，各路封建诸侯却张狂得不行。天下乱了，人们困惑了——道德还有什么用？孔子自己就面临这样的尴尬：天天讲仁义道德，而且践行不悖，却处处碰壁，在流亡的路上，在蔡地绝粮最困厄的时候，众弟子产生了困惑和动摇。爽直的子路愠见（孔子）曰："君子亦有穷乎？"那意思就是说，老师你平素总是教导我们行仁义行仁义，现在到了这步田地，该怎么解释？另一高足子贡也勃然变色，表示困惑，甚至于劝孔子降低追求的标准，以求为世所容。尽管当时孔子处变不惊，但是这种信仰危机必须解决。

《易传》就是孔子周游列国返鲁后作的。《易经》为孔子一贯的道德主张提供了坚实的形而上的依据。孔子一生关注伦理道德，对此，"弥纶天地""广大悉备"的易道似乎给出了天然的答案：

> 天尊地卑，乾坤定矣。卑高以陈，贵贱位矣。动静有常，刚柔断矣。方以类聚，物以群分，吉凶生矣。在天成象，在地成形，变化见矣。是故刚柔相摩，八卦相荡，鼓之以雷霆，润之以风雨，日月运行，一寒一暑。乾道成男，坤道成女。乾知大始，坤作成物。乾以易知，坤以简能。易则易知，简则易从。易知则有亲，易从则有功。有亲则可久，有功则可大。可久则贤人之德，可大则贤人之业。（《系辞上》）

可以看出，在"动静有常""刚柔相摩"的易道演化之中，人类的道德现象只是其中合乎规律的一个环节，是顺应乾坤之道的自然呈现。《易传》又说：

> 易之为书也，广大悉备。有天道焉，有地道焉，兼三才而两之，故六。（《系辞下》）

可见，道德作为人道中事，本身就是易道的一部分，它存在的正当性依据不在其自身，而在于更高层次的天地之道——易道。所以"天生神物，圣人则之，天地变化，圣人效之。天垂象，见吉凶，圣人象之。河出图，洛出书，圣人则之。"（《系辞上》）这就叫述而不作，全都是效法自然，而不是圣人自己立道，这也才称得起圣人。如果是圣人立道，天地则之，则显然荒谬,不能成立。这正充分说明了人的局限性,人并不拥有道德的最终立法权,这个权力只能来自超越人类的易道,也就是来自宇宙自然,所以要"与天地合其德"。

这样的道德是永恒的,永不消失,万古长存。因为易道是大道,天地万物只是它的表现形式,乾坤运行不止,万物生生不息,易道就蕴于其中,除非乾坤运行停止,万物(包括道德)才消失。

合乎宇宙自然规律的道德还是超越吉凶的。这一认识也表现在《序卦传》对六十四卦排列顺序的哲理化解释上。《易经》中的吉凶卦象,都是作为易道演化的结果,自然而然生成的,我们细玩经文就会发现,经文中表现的价值观本来就相当中立。可见,在圣人心中吉凶的概念和凡人是有很大差别的。据说,孙权派吕蒙夺荆州时,心里也是七上八下,让善易的谋士给卜了一卦,是节卦。谋士解释说:这次我们必胜,关羽死节,但是甘节。试想,作为一名武将,战死沙场,算得上是死得其所。所谓"不怨天,不尤人""求仁得仁又何怨焉"。

不怨天,不尤人,尽人事,听天命,尽性知命,这就是与天地合其德的境界。它肯定了道德的绝对高度,提出了道德自身满足的独立价值体系,摆脱了功利效果的对应,既维护了传统的礼乐文明,又回应了来自现实的置疑,以空前的深刻程度为儒家、为后世提供了难以撼动的道德信仰基石。因为,道德实践体现的是宇宙间最高的真理。直到今天,乃至未来,道德依然是最高信仰,也是最有可能被全人类普遍认可的共同信仰。

从伏羲、文王、周公再到孔子,《易经》终于完成了它华丽的转身,也为中国思想、中华文化奠定了基调。

第三章　第一次大纷争

王纲解纽

周朝享国800余年，不能不说是礼乐制度的伟大功效。这种制度主要考虑的，其实就是如何效法自然来安排人事秩序，安排得好那自然也就国运绵长。然而，秩序，难免会面临破坏、修复等一类挑战性的状况，也就是有序会变成失序，朝代也不可能无限期地延展，正所谓"天下大事合久必分，分久必合"。这自然也是合乎历史乃至自然规律的，因为"反者道之动"。

周朝也不例外，一方面原有的王权政治体制一度解散，文化格局面临"礼崩乐坏"；另一方面，既成的体制、格局又需要因时制宜，强烈希望强化自身、修复秩序。这就是西周衰殒后经春秋战国到秦统一六国的一段历史画面。

西周大致经营了 350 年的稳定，自周幽王被犬戎杀害，平王立，东迁洛邑（公元前 770 年），算作东周。东周可就没有西周那样祥和太平的氛围和景象了。东周时候，王权几乎就剩了个空架子，几个大诸侯国——齐、晋、楚等的国君继起称霸。他们打的都是"尊王攘夷"的大旗，挟天子以令诸侯，谁实力强谁说了算，没人再讲"礼"了。

天下乱了。君不君，臣也不臣了。按孔子写史时的定义，这就是"春秋"时代（大概历时 240 年）。之后，以"三家分晋"为标志，齐、楚、燕、韩、赵、魏、秦，七国纵横则成"战国"时代，至秦始皇统一六国，其间又经历了 180 余年。这样，终东周一代，中土动荡，合、分、合大约四五百年，也够长的了。

大家不禁会问，为什么西周维系了三百多年的"王纲"会解纽呢？那原因可多了，造成历史变动的因素本来就是多样的嘛，多因素互作，最终形成一种"合力"，造成一种"形势"或"趋势"，那么也就成了历史必然。

从经济上看，西周曾依靠"井田制"来实现农业立国，保障民生安定和贡赋来源，但到了西周末年，"井田"崩溃了。一方面，经过两三百年的太平盛世，人口增加了，从前划定的分配已经不适应实际；另一方面，由于铁器的发明和使用，引起生产技术进步和生产力的提高。然而，生产力一提高，经济就开始发达，经济一发达，社会竞争、剥削和压迫也随之而来。土地的私有和兼并动摇了农村经济的基础，破坏了井田制度，而大大小小的诸侯国之间互相争夺地盘，更推动聚敛夺取变本加厉，严重影响了社会风气，私有欲望不断膨胀，古朴民风渐趋失落。

从社会阶级的分化对立来看，大宗主一方面不愿放弃已有的权利和偃仰享乐的生活，对于"勤民敬德慎行"的传统和方针也不再顾及；另一方面，对于来自民间的反抗又无法阻遏，于是上下之间离心离德。再加上，西周后期屡屡用兵，或征犬戎，或伐楚子，使得王室力量衰颓。

从社会组织方面看，周初立宗法制度，是依血缘系统来安排政治组织的，君权重，诸侯卿大夫依次而轻，所谓"本固枝弱，内重外轻"，但时间长了，血缘纽带逐渐疏松，君权削弱，诸侯涨破了封建均衡的格局。尤其是几个处于外围的诸侯，南方的楚、北方的晋、东方的齐、西方的秦，由于处境较为优越，扩地日广，兼并弱小，分别坐大。在他们的头脑中，关于力量的观念和知识，也逐渐地凌驾于"礼义"之上，事功也就排挤了伦理的价值。这样，各诸侯可以不臣于天子，各国卿大夫也可以不臣于他们的诸侯。于是，天下乱了。弑父杀君、公子争立、公族互杀之事，在春秋战国之际不可胜数。

随着五霸迭起，吴越代兴，权谋霸术之道成了应世的主要文化智慧。崇武养士蔚然成风，学术开始下移，一个平民精神活跃的历史舞台搭建而成，历史正张开双臂，迎接此一时代的社会精英登台一展风采。

由官学到私学

在今天，大家几乎都上过学，受过教育，九年义务教育普及程度那是相当高了，即便是读大学也不会太难。显然，我们这里说的教育是狭义的，主要指的是学校教育，与家教、礼教、宗教那种教化的"教"，还是有分别的，尽管也有些联系。

与后世不同，在周代，那可是"学在官府"的。学在官府、宗法制度和"土地国有"（也就是周氏族为首的联盟所公有，这里的公不是天下为公之义，乃是公子公孙的氏族贵族之义）是西周社会三位一体的系统。劳动力的形态主要是集团的或公社的，即以被征服的氏族（如殷民六族、七族，怀姓九宗）为单位，进行"千耦其耘"的大规模生产。土地既然被氏族贵族公有制所支配着，国民阶级既然没有在历史上登场，则思想意识的生产，也当然不是国民式的，而是君子式的。具体地讲来，意识的生产或者说思想学术，只有在氏族贵族的范围内发展，不会走到民间；春秋末期所谓学术下民间的历史，已经是周道衰微的见证了。

我们看到，大部分金文中出现的西周官吏，有这样的名目：卿事寮，大史寮，三左三右（左：大史、大祝、大卜；右：大宰、大宗、大士），作册，司卜，冢司徒，司工，司寇，司马，司射，左右走马，左右虎臣等等。其中，大祝、大宗、大卜等官，同时即为宗教的思想家。由此可知，"氏所以别贵贱"，同时派生的东西还有"氏所以别智愚"，在那时，事业家与观念家是"不可分裂的结合"。其实，也就是生产力不发达的基础上，社会分工也不发达的标志。

中国古代，常见的是君子（贵族）与小人（鄙夫）的分类，而没有国民性的智愚分类，其秘密就渊源于此。你看，在古希腊，思想家被称为"智者"，而在中国古代，思想家则被称为"贤人"。

而"人"在卜辞中，还没有和氏族分立，也就是，周时的人指的只是有身份的人，而不是所有的自然人。基本上，它包括这么几个含义：称氏族先王，称王者，称氏族贵族（君子），称在位的职官。与"人"相对的是"民"，那才是咱普通老百姓的一般代称。

所以，与"人"字连类的就是"圣"，这个字最早就见于西周文献。考"圣"的本义，据说与"哲"可以互训。"圣""哲"都是指配天的美德，并没有知识教养的意义，而这种美德只是对先公先王所加的专称，从不用以形容普通百姓。很明显，"哲人"这个词儿在咱们中国古代和希腊古代，那是名同而实不同的。

"圣贤""贤哲"两两连用，那是后来的事。"贤"字，并没有德性的意味，最初是指在"巫术"及"射礼"方面的能手，或用作技能优异者的代称，这里所谓"技能"的领域，也只限于狩猎。狩猎中的"贤者"也就是"神射手"。

至于"贤"字之获得国民性与道德性，及其成为一般智能的代称，进而与"圣""哲"相结合，大概是在春秋时代，由搢绅先生创始，到春秋末世及战国初年由孔、墨显学完成。

这里有两点值得注意：一是与智能一体相连的"贤人"晚出，二是晚出的"贤人"又很快失去了"智能"的独立性，而与配天文德的道德概念水乳交融，也就是"智能"被"道德"淹没了。鉴于殷商的灭亡，周朝从一开始就以"天命维新"自警、自勉、自我约束，这也就是道德的起源。

对这两点进行思考，应该有助于对中国古代思想发展的深入理解。

在宗法制度下，社会阶级的贵贱是以血族传统为标准，而不以智能为标准。与此相应，氏族意识也约束着国民意识，于是，国民阶级出现难产，所有的只是服务于氏族贵族的奴隶，社会不变革，他们就永无出头之日。

然而，社会终将变革，这个是不以人的意志为转移的，因为生产力在发展。

铁器被发明和使用，那是在春秋战国时候。铁器的使用较之石器或木器（青铜器主要限于鼎彝，从未普遍用于生产），具有更高的生产力的价值。这就是说，在石器或木器的生产力阶段上，一般地说来，难以冲破氏族制的束缚，因而不可能发生生产资料私有的所有形态，也不可能发生多种阶级关系；只有在铁器的生产力阶段上，才具有改造生产方式所依据的技术条件。

铁器的使用，在农耕文明里，那是具有里程碑意义的，它极大地解放了生产力，提高了劳动效益，推动了社会物质乃至精神文明的变革或者说进步。因为铁器的使用，显然改革了农业经营和手工业生产，从而促使土地所有制形式进入了私有化的过程，促使阶级关系也发生了变化，意识形态自然也就不能不通过政治法律的折射，改变了它的面貌。

在春秋的文献，例如《诗·大雅》的"瞻卬""桑柔""抑"，《小雅》的"正月"，《曹风》的"候人"，《魏风》的"伐檀"，《北风》的"北门"等篇，以及最古的私学著作《论语》中，才看出了因土地私有，开始发生社会内部的阶级分裂，也就是贫富两极分化。相反，在土地公有的西周文献中，则绝无贫富对立的字句。所以，我们说，周人的"学在官府"是和当时的"土地公有"紧密相关的，当然，这与生产力不发达也脱不了干系。

好了，现在铁器被应用于生产了，生产力算是前进了一大步，按照生产力决定生产关系、经济基础决定上层建筑的规律，社会关系层面、精神学术层面是必须要跟着调整的。而这一调整又谈何容易，如我们知道的，它用了好几百年。

从春秋开始的氏族组织解体，是一种由诸侯而大夫，由大夫而陪臣的政权逐渐下移的运动。而在这一运动过程中，自然而然也就包括了知识、人才的组织系统，因为官学体制下的教育不是独立存在的，它是为西周宗法制度培养干部的。氏族组织要解体，它就没有理由存在，正所谓，皮之不存毛将焉附。

旧"官学"统系衰败了，民间"私学"就兴起了。春秋战国的"礼崩乐坏"也就是"百家争鸣"的前奏。所谓礼乐，基本可以看作古代知识、学问的总汇，它就寄托在官、师、政、教合一的"王官之学"。既然"礼崩乐坏"，那么，也就是说官学已经失去其存在的基础了。所以，孔子说"天子失官，官学在四夷"，庄子慨叹"道术将为天下裂"。

春秋中晚期以后，王官权威日益分解离散，各诸侯因为自保或者对外扩张，所以人才缺口比较大；而原来的官学是垄断的，无法实现社会人才和文化上的垂直流动。怎么办？突破垄断，开办私学。也就是打破原来社会等级的固定性，为士、庶人的上升敞开门户。而且，这时候不愁师资。社会上有这么一批人，有知识，无岗位。要是在以前，他们怎么着也有个一官半职，可是现在，时代不同了，他们入仕无门。可是他们依然清高，自认为"邦有道，则仕；邦无道，则可卷而怀之"，宁可修身志道，不愿仰禄于人，于是不少有学之士投入教育行列，私学遂兴。

私学的兴起，意义主要在于教育的独立和面向全社会，以及知识独立价值的确立。可以说，私学之兴，直接或间接地促进了春秋战国间诸子百家学术兴旺的气象，也促进了"知识阶层"的相对独立。由于私学大都由有代表性的思想人物来主持，所以私学又带有思想中心的性质。而思想理论上的创新与办私学是互为条件，相互促进的，一旦思想理论自成体系、独树一帜，那社会影响和传播力就相当可观。

私学的核心之一是师徒关系，以私学为基础，社会上也就出现了以宗师为核心的许多学人集团，如孔子、孟子、荀子等皆有门派，墨子与其弟子的集团几近于"结社"。集团也好，门派也罢，反正不是一个人，这也就是"百家"的渊薮，而这，势必伴随着"士"阶层的扩大、独立和分化。

"士"之崛起

"士"，本来是与氏族部落首领和显贵同族的人（可能还专指武士），既然与贵族沾亲，那就有身份，但是身份也不能算太高贵。大约在西周时期，才出现了作为一个社会阶层的士，这应该是周代宗法制度的产物。现代历史学家一致认为：周代世卿大夫以嫡长子继承父位仍为卿大夫，其诸弟为士；士的嫡长子仍为士，其余诸子为庶人。

看来，要想永保高贵的身份地位，就得是嫡长子，嫡长子的嫡长子……没办法，资源有限，位置有限，制度只能这么规定。那么，其他儿孙呢？对不起，逐渐下降，直到沦为庶人为止。事实上，贵族的庶孽正是士的一个重要来源。纵横捭阖的张仪出身于"魏氏余子"，余子也就是支庶。范雎原来也是"梁余子"，商鞅原来是"卫之诸庶孽公子"，韩非则出身于"韩之诸公子"。这一类的例子比比皆是。总之，贵族、官宦的庶孽、后裔大部分落入了士这个阶层，而且这类人物的数目还不会很少。举个例子，齐靖郭君田婴一人就有 40 多个儿子，其庶孽之多是可想而知的。而"士"就是这些庶孽沦落的第一站。

这些"士"与第一位贵族祖先的血缘已经比较远了，身份地位也大打折扣，流于贵族阶级的最下层，到了上与下的交会处，这着实有点尴尬。不过，他们还是能够享受一项很可宝贵的氏族待遇，那就是上学，或者叫接受教育。因为在那个"学在官府"的时代，只有士以上的贵胄子弟才可能享受文化知识的教育。

那他们那个时候的文化知识又包括哪些内容呢？西周官学分为"国学"和"乡学"两种。国学主要是为贵族设的，其中又分"大学"和"小学"两级，小学为童蒙之学，学的是书、数一类知识，有点儿像咱们今天的语文和数学，但还不是一码事儿；大学学的主要是礼、乐、射、御等，这些在当时礼乐制度的背景下，可都是安邦治国之术。而且，国学校址一般都设在大都市，执教的老师也都是有一定职守的王官。至于乡学吗，跟国学一比，就显得寒碜了，一般设在小城邑或都邑的近郊，吸收的学生也等而下之，都是些士和比士略微高级点儿的低级贵族。乡学的教学内容，也就是士所接受的文化知识，多为明人伦、知纲纪、定尊卑的礼节修养和从军打仗必备的军事知识和技能。

千万别说"礼、乐、射、御、书、数"比不上"数、理、化",也不要说人伦、纲纪、礼节修养不算先进知识。要知道,礼乐绝对具有教化的功能,尤其在那个生产力还不发达的社会,这是一套很严密的系统,对于人们思想的作用力是不容低估的。有了知识、技能,尤其是思想,那就不同于愚夫愚妇。士就是这样一批人,虽然身份已不再高贵,但是有知识、有技能、有思想,并且可以靠这个入仕,为社会服务。

孟子说:"士之仕也,犹农夫之耕也"(《孟子·滕文公下》),也就是说,士出来任职做官,为社会服务,就好像农夫从事耕作一样,是他的职业。远在商周间,巫、史、祝、卜,可以看作是早期社会分工后产生的最早的士,他们是具有文化性的角色,他们服务于王权贵族的统治,也依附于王权贵族的统治。春秋制度沿西周而来,社会地位居于大夫和庶民之间的这些士,有的成为卿大夫的邑宰家臣,有的成为捍卫社稷的武士,有的成为那个时代的普通公务员。

然而,在礼崩乐坏的大趋势下,士作为一个社会等级也面临着解体。战争不断发生,把原有的社会秩序整个打乱,贵族与庶民的界限被打破了。老规矩谁还讲究,宠辱礼罪的标准完全根据需要来定。社会成员的身份不再是无法改变的宿命,垂直流动成为趋势,而且是势不可挡。于是,士的数量大增,内涵也泛化了。到了战国,士的成分已经五花八门了,从文到武,从雅到俗,从宫廷到市井,从豪杰到流氓,从积极谋求的智者到恬淡归隐的高士,不一而足。有人还进行了初步分类:①武士,②文士,③吏士,④方术之士,⑤技艺之士,⑥商贾之士,等等。

　　由上我们不难看到，社会阶级结构和文化格局已然发生了巨大的变动。春秋战国间，是士阶层发展最充分的时候，也是思想言论最自由的时候，尤其公元前四世纪中叶到前三世纪中叶的"稷下时期"。

　　"稷下"是个地方，就位于齐国国都临淄（今山东省淄博市）稷门附近。稷下学宫，又称稷下之学，是战国时期田齐的官办高等学府，始建于田齐桓公。齐宣王之时，在稷下扩置学宫，招致天下名士：儒家、道家、法家、名家、兵家、农家、阴阳家等百家之学，会集于此，自由讲学、著书论辩。战国中后期各主要学派的重要人物，如：荀子、宋钘、尹文、鲁仲连、田巴、貌说、邹奭，几乎都到过稷下，《史记》描述了当时的盛况："宣王喜文学游说之士，自邹衍、淳于髡、田骈、接舆、慎到、环渊之徒七十六人，皆赐列第，为上大夫，不治而议论。是以，齐稷下学士复盛，且数百千人厖"。

　　也就是说，稷下学宫是一种由官方主办、私人主持的办学模式，而且在这里，士人可以"不治而议论"，"不治"，就是"不任职"，虽有上大夫的头衔，但不担任实际职务，"议论"，就是议论时政、国事、治乱之事，为田齐统治者提供决策依据，以实现智囊团的功能。"不治而议论"可以说是稷下学士的主要活动特点之一，这无疑体现了稷下学宫鲜明的政治性，但是不问学术派别、思想观点、政治倾向，以及国别、年龄、资历的学术自由气氛，依然是值得称道的，被公认与同时代雅典的吕克昂学院为东西并尊。

　　在这样的氛围下，古代士的功能可以说得到了极大的发挥，尽管他们的主要职责还是"议政事"，并且在历史的长河里如昙花一现般短暂，但在思想史和文化史上的意义是绝对不容低估的。到战国末期，这些"不治而议论"的稷下先生们，已经逐渐演变为统辖学术的博士了。虽然在以权力为中心的文化秩序中，他们中的绝大多数，最终将被动地甚或自觉地接受改造，可是，当时所阐发的思想、提出的观念，尽可以存入我们国家民族的智慧宝库，而那个学术思想"百家争鸣"的自由、开放氛围，更是后世所津津乐道，甚至引发向往和追求的。

谁说的都有理

"百家争鸣"那是学术思想极度自由和繁荣的一个时代，常为后世津津乐道，学术界还将他划入人类文明发展的轴心时代。当然，这是个世界性的话题，不单是咱们中国自己的事儿。

"轴心时代"是德国的一个哲学家 1949 年首先提出来的，它不专指哪一个国家，而是指公元前 800—公元前 200 年之间，尤其是公元前 600—公元前 300 年间，北纬 30 度上下这么一个广泛的区域内，人类文明的发展状况。说是，在这一时段和区域内，人类诸多主要文明的产生以至发达，似乎经历过一个由缓慢渐进突然达成一个快速跃进，以至成熟质变的过程。在轴心时代里，各个文明都出现了伟大的精神导师——古希腊有苏格拉底、柏拉图、亚里士多德，以色列有犹太教的先知们，古印度有释迦牟尼，在中国则有孔子、老子……他们提出的思想原则塑造了不同的文化传统，也一直影响着人类的生活。

这种观点是外国人先起的头儿，也是近现代以来人们重新认识了地球，各自发现和了解了地球另一半的同类以后，重新审视全人类走过的道路，才得出的新论断。自然，当地无分南北，人无分黑白的时候，很多学术问题也是涉及全人类的问题，很多学术观点也成为大多数人的共识。以上这个关于"轴心时代"的就是。

共识是共识，可是这个"大多数人"不管怎么说，也都是后人。后人的总结概括得看，可是当世人的见解议论也不能不重视。所谓兼听则明嘛。

外国的，我们且不去管它，中国思想嘛，咱就说中国。

这里放着现成的文献资料呢——庄子的《天下》篇。

庄子是大家耳熟能详的春秋战国时期，具体说是战国中期的名人，我们都知道他是道家的代表人物。如果中国有西方所谓哲学的话，我们也认为他是伟大的哲学家之一。但你可能不知道，庄子还是位哲学史家，《天下》篇就是这位哲学史家的关于哲学史的论文。至于有人说《天下》篇非庄子自作，乃庄子后学所作，这样的笔墨官司咱们不愿意打，本书开篇即言中国讲究成一家之言，这篇文章总没出庄子这一家就是了，而庄子就是他们的杰出代表。

有人说：《天下》篇是"惟序晚周学术之源流"（《汉书·艺文志·诸子略》），"历叙古今道术渊源之所自"（陆西星《南华真经副墨·天下》），"不读《天下》篇，无以明庄子著书之本旨，亦无以明周末人学术之概要也。"（顾实《庄子天下篇讲疏序》）

那么，这篇文章都说了些什么呢？主要是两块儿：第一，慨叹"道术将为天下裂"；第二，批评诸子学派，这里的"批评"当然不是今天一般意义上的批评，诸子百家也不能全提到，着重几家而已。

　　既然是慨叹"道术将为天下裂"，那就是说，在此之前道术是整全的，庄子说"古之所谓道术者"，"无乎不在"，"圣有所生，王有所成，皆原于一"，天人、神人、至人、圣人、君子、百官以至于百姓，皆有所宗所本，有所依归。并且，圣人已遵循这整全的道为人们设置了制度（旧法、世传之史尚多有之）、编著了经典（《诗》《书》《礼》《乐》《易》《春秋》）。只是如今"天下大乱，贤圣不明，道德不一"了。"后世之学者，不幸不见天地之纯，古人之大体。道术将为天下裂。"

　　彼时，天下多是些得一孔之见就自我欣赏的人，他们譬如耳目鼻口，皆有所明，却不能相通；又像百家众技，皆有所长，时有所用，却又都不完备和全面。他们割裂天地的完美，离析万物的道理，把古人完美的道弄得支离破碎，很少再能具备天地的完美了。

　　其实，诸子百家说的那些道理，古之道术早都涵盖了。比如像墨家提倡的"不侈于后世，不靡于万物，不晖于数度，以绳墨自矫，而备世之急"；宋尹学派倡导的"不累于俗，不饰于物，不苟于人，不忮于众，愿天下之安宁以活民命，人我之养，毕足而止"；彭蒙、田骈、慎到（稷下道法学派）提出的"公而不党，易而无私，决然无主，趣物而不两，不顾于虑，不谋于知，于物无择，与之俱往"；关尹、老聃追求的"以本为精，以物为粗，以有积为不足，淡然独与神明居"等等。

　　他们说的都有理。毕竟，这些也都是整全的道的一个方面嘛。但是，如果要把这一两个方面单拿出来，还放大，并且在全社会各方面广为推行，恐怕就不妥了，事实上也推行不开。

　　就说墨子那一套学说吧，本是从效法圣王大禹勤劳天下而来，可是，"其生也勤，其死也薄，其道大觳（què）；使人忧，使人悲，其行难为也。恐其不可以为圣人之道，反天下之心。天下不堪。""墨子虽独能任，奈天下何！离于天下，其去王也远矣"。

　　像名家代表人物惠施、公孙龙那样，学富五车，雄辩滔滔，又怎么样呢？"弱于德，强于物，其涂隩矣。由天地之道观惠施之能，其犹一蚊一虻之劳者也。其于物也何庸！夫充一尚可，曰愈贵道，几矣！"

　　所谓"道不远人"，不仅要说得有理，还得做得到，不仅自己能做到，还得化成天下，让大多数人也能做到。这才是中国人的"道"。能做到这样，也才能称得上是"圣人"。而诸子里能称得上圣人的却没有几个。

　　春秋战国的子学时代，一大特点就是"判天地之美，析万物之理，察古人之全"。诸子的意识已经"裂"成了多种多样的国民生活的"一察自好"了。"不见天地之纯，古人之大体"确实很"不幸"，但也确实是人类思想发展的必经阶段。

　　不错，往圣先王依循天道自然之理，为人们设置了制度，编著了经典。但是，在民智未开的漫长岁月里，圣人与凡夫的智慧差距未免太大，像《易经》那样的天书，又有几人能真正看得懂呢？制度也好，经典也罢，说理说得其实还真是不够透彻，提示性的语言多，而掰开揉碎明析道理的语言几乎没有。估计要把"道"掰开揉碎地讲清楚，即使对于圣人也不是件容易事儿。圣人们在自己智慧已开、悟性超群的情况下，大概都还是本着"民可使由之，不可使知之"的一个态度治理天下。

当然，我们不是从反面理解这句话，也并没有褒贬的意思。可能，在人类发展的幼年阶段，生产既落后，文字又不成熟，要想开启民智并不容易吧。

然而，随着生产的发展，文字的成熟和学术的下移，全民的智慧渐开，起码"士"这个阶层的人大为扩充，有知识的人多了。他们慢慢会对既有的礼法、制度、思想乃至自己循此而动的行为产生怀疑，尤其是在天下大乱、社会动荡的时候，而春秋战国就提供了这个条件。

这种怀疑是人类发展所必经的阶段，毕竟，知其然还要知其所以然，是一个人或者全人类成长过程中必然的思想追求。

"道术为天下裂"或者可以说，正是为了"判天地之美，析万物之理，察古人之全"。人们要把那个囫囵的、混沌一体的"道"扒开来仔细瞧瞧，瞧个清楚。尽管，"道"不是什么别的"东西"，可以解剖成条条块块儿，但人们就是要尝试，即便达不到预期的目的，也非得这么做不可。也许这就是人性——好奇。

但是，庄子的话也提醒我们，光条分缕析是不行的，那样只看部分不见全貌、只看表象无视本质，会很"不幸"。其实，有这种认识的不仅是庄子，像老子、孔子、荀子，他们都有类似的认识。

好在，我们是上下五千年一以贯之的中华民族，文化和血液里依然流淌着祖先留给我们的"合"的精神基因。"合"就是"一"，"一"就是"合"，"一而二，二而一"，"分"是为了"合"才"分"的，不是为"分"而"分"，如果最后搞到"合"不起来，那"分"也就失去了意义，"天地之美"也就再难重现!

中国自古讲究"立德、立功、立言",谓之三不朽。"不朽"基本等同于"永生",想永生吗,那就照这样去做吧,不一定非得去求神。

诸子中,凡是今天还被大多数人熟知的,几乎都有著作留世,也就是著书立说。当然,"立言"也好"立说"也好,总归你得立得住,不然著书也是白著,历史会把它淘汰掉;相反,要是你的"言"能立得住,最好再有德与功相配,即使你自己不动笔,你的后学也会积极地替你著书立说,甚至甘愿冠上你的大名,他们连署名权都不要,他们自觉地认为这书的思想都是宗于你,理所当然就应该这么做。

下面,我们将择要介绍春秋战国间具有这样人格魅力的人物和他们的学说。

第四章　天纵之圣孔子

孔子虽为诸子之一，但他"祖述尧舜，宪章文武"，是中华文化的集大成者。在世时已被誉为"天纵之圣""天之木铎"，自汉之后，更是举国崇奉，并且立庙奉祀，有孔圣人、至圣、至圣先师、万世师表的称号。宋儒朱熹曾叹曰："天不生仲尼，万古如长夜"；近世国学大师柳翼谋以孔子为"中国文化之中心"，"其前数千年之文化，赖孔子而传；其后数千年之文化，赖孔子而开；无孔子，则无中国文化"。是故，我们将孔子放在先秦诸子之首来讲。

素王降世

孔子（公元前551年——公元前479年），其实人家姓子不姓孔，孔是他的氏。《通志·氏族略》上说：三代（夏商周）以前，姓氏分而为二，男子称氏，妊人（女子）称姓；氏所以别贵贱，贵者有氏，贱者有名无氏。秦汉以后，姓、氏合一，通称姓，或兼称姓氏。

不错，孔子祖上确实贵过，只是在孔子前几世就没落了。

孔子的祖先是商朝的宗室，到周朝时被封于宋国（今河南商丘），所以，可以说他是殷商（华夏族）的贵族后裔。三监之乱后，周公以周成王之命封商纣王的庶兄、商朝忠正的名臣微子启于宋国，微子启死后，其弟微仲即位，这位微仲即是孔子的先祖。自孔子的六世祖孔父嘉之后，后代子孙开始以孔为氏。孔父嘉是在政变中和宋殇公一起被叛臣华父督杀害的，而华氏却成了宋国的当政大臣，于是孔氏后人迁居鲁国。孔子就生在鲁国陬邑昌平乡（今山东省曲阜市东南的鲁源村），逝后葬于曲阜城北泗水之上，即今日孔林所在地。

孔子名丘，字仲尼，"仲"是排序，他在家中兄弟中排行老二。父亲叔梁纥（hé）是鲁国出名的勇士，孔子是他老人家七十岁上喜得的贵子。据说，因父母曾为生子而祷于尼丘山，故名丘。还有说"孔子首形象邱，四方高，中下，故名丘焉"。

孔子相貌确实不俗，除了上面说的"首形象邱"外，身材还很高大，据说身长九尺六寸，折合现代的量度，得有 1 米 9 多，被称为"长人"。更有甚者，说孔子生就的帝王相。汉朝人发现，孔子的相貌很像汉朝的第一个皇帝刘邦的相貌，是个皇帝脸：方脸盘儿，鼻如悬胆，两眼外侧微微上吊，状如飞燕。还说古代帝王一定是这个型儿。所以称孔子为素王，素王是虚龙假凤的意思。

民间传说孔子生而不凡，在他降生的当天晚上，有麒麟降临在孔府阙里人家，并吐玉书，上有"水精之子孙，衰周而素王，徵在贤明"的字样。既告众人孔子非凡人乃自然造化之子孙，虽未居帝王之位，却有帝王之德，堪称"素王"。孔子家人将一彩绣系在麒麟角上，以示谢意。周敬王末年时，有人在曲阜掘土犁田时，竟挖出了那条当初系于麟角的彩绣。以后，人们又引申出玉书三卷，孔子精读后成为圣人。至今，在文庙、学宫中还以《麟吐玉书》为装饰，以示祥瑞降临，圣贤诞生。

可见，称素王绝不仅仅因为相貌，主要还在学问、德性和教化之功。有帝王之道，而无帝王之位，所以称素王。古有"千年礼乐归东鲁，万古衣冠拜素王"之说，实际上，素王在思想教化上的作用还远远超越很多、甚至可以说大多数帝王。

当然，任何一位伟大人物的产生，都跟他所生的时代密切相关。时代决定着他的思想和言行，而思想言行又反过来决定了他在当时及后世的角色地位。

孔子生活的时代是春秋末年，而东周正是中国历史上最混乱动荡的一个时代：一方面，实行封建及宗法制度的西周氏族社会崩溃，王事衰微、诸侯争霸、夷狄入侵、战争不断，社会秩序大乱；一方面，中原文化和风俗经过夏、商、周三代的积聚和转化，已经具备了丰富的内容，呈现着复杂的面貌，一般人都有无所适从的感觉。孔子就是在这种状况下挺身而出的，他要给迷惑的世人找寻方向。

昔日"郁郁乎文哉"的文明昌盛已然不在，孔子最钦敬的周公也英魂远逝，他所制定的"礼""乐"也土崩瓦解。"兴灭国，继绝世，举逸民"，孔子领悟到并承诺了他的使命。他一生都在为此努力，明知不可而为之，不为一时，而为万世！

在孔子以前，中国历史文化当已有 2500 年以上的积累，而孔子集其大成；在孔子以后，中国历史文化又有 2500 年以上之演进，而孔子开其新统。世人大都认同，孔子修《春秋》是代王者立法，删定"六经"具有继往开来的卓越功勋！

删述"六经"

六经者汉称"六艺"，就是《诗》《书》《礼》《乐》《易》《春秋》六部儒家经典，相传由孔子删定。孔子数千年来被尊称为圣人、至圣先师乃至素王，其功绩应该主要在此。

现代人习惯于把孔子定位为思想家、政治家、教育家和文献整理家，而且普遍认为这已经是很高的评价；可对古人来说，这依然是远远不够的，是不可接受的。古人对孔子的定位就是圣人、素王，曲阜孔庙第一道腰门的楹联——"德侔（móu，齐）天地，道冠古今"，可大体代表古人对这位圣人由衷的感佩和赞扬。

圣人、素王不仅仅是用以表彰个人的修养、德性有多么多么的好，那样的话就是"大词小用"了；这至大至伟的两个词儿，是对孔子向万民，而且是历时久远的万民，宣扬天地之大德、古今一贯之常道的褒扬和尊崇。荀子认为圣人乃是制礼作乐的人。在古代，非帝王不制作，所以到了今文公羊学一系的儒家那里，孔子又成了"素王"，即不在其位的帝王，但为后世立法垂制。

孔子为后世"立法垂制"靠的是什么？删述六经。

孔子本来是想通过立功来传名后世的，就像他终生倾慕的周公那样。可是，他奔波一生，直到迟暮之年也没有达成他的理想，于是他知命。"君子疾没世而名不称焉！"（君子的遗恨是死后没有名声留传啊）那怎么办？在从政四处碰壁之后，孔子想到了通过立言来实现"不朽"，尤其是阐扬正道。其实，这就是中国人求永生的方式或者说正途。很理性，不求神也不拜佛。

孔子的立言，就是删述"六经"。据司马迁《史记》的记载，"六经"都是经孔子之手订的。正是经过他的删订，这积满时光尘土的古典才成为"经"，而为后世不断地研求，并在不断地研求中发出历久弥新的光芒。

孔子删述六经，有"垂宪万世"的功效，而不仅仅是个人价值的实现。我们要明白，这里虽有孔子对于没世之名的追求，但说到底还是圣人不得已而为之的成果。要按孔子的本意，那是能不说就不说的，孔子曾说："予欲无言"；"天何言哉？四时行焉，百物生焉，天何言哉？"然而，彼时天下大乱，好文之风日盛，虚文胜而实行衰，道不明于天下。王阳明先生说："使道明于天下，则六经不必述。删述六经，孔子不得已也。"（《传习录》）

自伏羲画卦，至于文王、周公，其间言《易》，有《连山》《归藏》之属，纷纷籍籍，不知其几，《易》道大乱。于是，孔子取文王、周公之说而赞之，以为只有这个才是得其宗旨的。于是，纷纷之说尽废，而天下之言《易》者始一。《书》《诗》《礼》《乐》《春秋》皆然。《书》自《典》《谟》以后，《诗》自二南以降，如《九丘》《八索》，一切淫哇逸荡之词，不知有几千百篇。《礼》《乐》之名物度数，到这个时候也不可胜数。孔子皆删削而述正之，然后其余之说就开始渐渐废弛了。像

《书》《诗》《礼》《乐》这些，孔子何尝加一语。至于《春秋》，虽都说是孔子作的，其实都是鲁史的旧文。所谓笔者，笔其书；所谓削者，削其繁。是有减无增。孔子述六经是怕繁文扰乱天下。要的就是删繁就简，使天下务去其文，以求其实。

大家都知道"文质彬彬"这个成语吧，这就是从孔子那儿来的，原文是："质胜文则野，文胜质则史，文质彬彬，然后君子"。按字义：文是文采，质是本质，彬彬是杂半之貌。《论语正义》上说："礼，有质有文。质者，本也。礼无本不立，无文不行，能立能行，斯谓之中。"孔子曰："虞夏之质，殷周之文，至矣。虞夏之文，不胜其质；殷周之质，不胜其文；文质得中，岂易言哉。"

看来，删述之意，说得再明白点儿就是删去繁文、祖述正道，以求一以贯之。

子曰："诗三百，一言以蔽之，思无邪！"又说："不学《诗》，无以言。"还说："诗可以兴，可以观，可以群，可以怨。迩之事父，远之事君，多识于鸟兽草木之名。"现代诗歌批评所津津乐道的认识、教育、审美三大作用，在孔子的这段话里实际上都可以找到各自的位置。正如《论语》季氏篇里所说的那样，在孔子的时代，《诗经》简直就是一部无所不包的百科全书。圣人不仅以诗礼传家，要求儿子孔鲤学诗学礼，而且号召所有的学生都好好地去学诗——"小子何莫学夫诗？"

正是由于孔子的大力提倡并亲自删削编定，《诗三百》才名正言顺地成为了《诗经》，成为儒学的重要经典之一，也才有了与"子曰"并称的"诗云"这样尊崇的地位。也正是在这个基础上，才有《毛诗序》那一段著名的更为热情洋溢的颂词："故正得失，动天地，感鬼神，莫近于诗。先王以是经夫妇，成孝敬，厚人伦，美教化，移风俗。"如果有谁还不理解《诗经》凭什么成为"经"，看了孔子的评价和《毛诗序》的赞颂，总应该有点儿理解了罢。

有人这样说：如果说《诗经》是中国历史上最早的诗歌总集，那么《尚书》就是中国历史上最早的散文集；如果说《诗经》是民间的，那么《尚书》就是朝廷的。《诗》是民间的情感，《书》是朝廷的意志；《诗》是抒情的，《书》是理智的；《诗》是散漫的，《书》是约束的；《诗》唱个性感受，《书》倡国家价值；《诗》是艺术，《书》是道德；《诗》是大地，是天空，是大地上的野花，是天空中的飞鸟；《书》是庙宇，是碑石，是庙宇中的祖训，是碑石中的缄言……我们民族最古老最本质的东西，都积淀在《诗》《书》之中了。他们都经孔子删订。

《礼》《乐》也是孔子教化的工具。孔子对枯燥乏味的周代官制、礼仪的记录——《仪礼》，进行了研究，指出其内涵、作用和本质。他说："夫礼，先王以承天之道，以治人之情"。这与我们之前所说的《易经》之"世历三古，人更三圣"的宗旨是一致的，就是要把宇宙自然那个大道，或者说规律，转移到人事方面来，实现天道与人道的合一。《乐》其实也还是取其教化之意，含着哲学和政治教化的作用。《乐记》有言："清明象天，广大象地，终始象四时，周旋象风雨，五色成文而不乱，八风从律而不奸，得数而有常。大小相成，终始相生，倡和清浊，迭相为径。故乐行而伦清，耳目聪明，血气和平，移风易俗，天下皆宁。"

文艺原来不只是文艺，他们肩负的道德教化之功恐怕远远超出我们现代人的想象。最后，就要谈到《春秋》了，这是一部使那个时代都因此而得名的著作。

晚年的孔子顾视日影，喟然叹曰："不行啊不行啊，君子很惧怕死后没有留下名声啊。我的道行不通了，我凭什么在后世传名呢？"他搬来鲁国历代太史记录的史料，开始著作《春秋》。之前，孔子在做官审案时，都是很谦虚地与陪审官商定判辞，而此时，他竟然"专断"起来，"笔则笔，削则削，子夏之徒不能赞一辞"。连插嘴提建议的份儿都没有。

这本以"微言大义"著称的历史著作，孔子是有意把它写成政治学著作，乃至伦理学著作的。他老人家在这里就是要述正。他希望这本书能成为人的道德准则，更希望通过它能够再建合理有序的人事秩序。丘吉尔说：影响历史的最好方法就是写历史，这话用在孔子的作《春秋》上倒挺合适，春秋以后的历史，不都受着《春秋》的影响么？无论从史书还是从历史本身而言，都是如此。孔子一直在参与着历史进程啊！

始于礼归于仁

我们说过，孔子学问的重点是《易经》。孔子对《周易》的研究、诠释是下了大功夫的，他曾为之"韦编三绝"，全面"辩阴阳之理、释八卦之象"，写出《文言》《象传》《系辞传》等十余篇注释《周易》的文章。对易学产生、发展、易学的内容性质、易学的应用、方法，做了全面的阐述和诠释。

易经八卦是认识自然、社会的一把金钥匙。但易经要怎么讲，这是个关键问题。首先，你得看对象吧。圣人的学问，或者说中国的圣人不是躲在象牙塔里的，他要垂教天下万世。孔子学问的受众，那是人里面的"大多数"。所以，讲得就不能太深奥。于是，孔子和老子就分了工，孔子有《论语》和他的《诗》《书》《礼》《乐》，老子则有玄而又玄之五千言的《道德经》（那针对的是上智之人）。

《论语》也好，《诗》《书》《礼》《乐》以至《春秋》也好，归了包堆儿可以说是由"礼"的观念开始，进至"仁""义"诸观念。

孔子生在鲁国，而鲁又是周之旧邦，制礼作乐的周公封地，所以对周的礼仪制度保存比较好，孔子少年时即热衷于学礼，世人也都说孔子"博学好礼"。但孔子并不拘泥于礼。"礼"的观念为孔子学说的起点，却非孔子学说的理论中心。可要说孔子学说的理论中心未离于易，虽然不错，恐怕有些失于玄奥，所以，还是具体一些，从众一些，说它是进于"仁""义"。

要讲述孔子的思想学说，不能不着眼于这一升进过程。此一过程之展示，还得从"礼"的意义谈起。

"礼"有广义狭义之分，狭义之礼就指仪文，广义之礼则指秩序节度。前者也就是世俗所知的礼，后者是礼的理论意义，这个原非世俗所知。到了孔子这里，才正式阐明了礼的意义。

礼取"秩序"义，主要是指制度而言，这也就和仪文有了本末之分。再进一步，以秩序或制度释"礼"时，那秩序制度的根据何在？这是个根本性的问题。以当时的流俗信仰，那是"礼以顺天，天之道也"，奉礼即是畏天。孔子当然不会反对，但是，要知道，孔子是不语"怪力乱神"的，孔子研究《易经》到最后得出的是一句"不占而已矣"。基于这个根本思想，孔子之发展"礼"的理论,是要把它导向人本位而非神本位,这是伏羲、文王、周公一贯的传统。于是,有了摄"礼"归"义",更进而摄"礼"归"仁"。

这样,"仁、义、礼"的理论体系建立了,透显着人对自身之肯定,渐渐离开了原始信仰的纠缠。于是,孔子予周文之精神以自觉基础,遂开创出儒学之规模。

"仁、义、礼"之说,依照理论次序讲,摄礼归义算是第一步。

所谓"义",在《论语》里大都指"正当"或"道理",即使稍有变化,也是衍生而已,终不离此一意义。比如:"见义不为,无勇也"(《论语·为政》)"君子喻于义,小人喻于利""君子之于天下也,无适也,无莫也;义之与比"(《论语·里仁》)。

那么,孔子是如何解说"礼"与"义"之关系的呢?这在《论语》中有显明的解释:

《论语·卫灵公》:

> 子曰:君子义以为质,礼以行之,孙以出之,信以成之。君子哉。

此处"义以为质,礼以行之"二语,即摄礼归义之理论。"质"是"实"或"实质","礼"是为"行义"而施行的。换句话说,"义"是"礼"的实质,"礼"是"义"的表现。也就是,一切制度仪文,整个生活秩序,皆以"正当性"或"理"为其基础。人所以要有生活秩序,所以要大有制度小有仪文,都是因为人要求实现"正当"。人之自觉性的地位突显出来,儒学的初步基础也开始建立了。

孔子好礼，但不拘泥于礼，正是因为他真正知道礼之本是什么。奢与俭只是具体设施问题，也就是仪文问题，那不是礼之本，所以，孔子认为仪文细节是可以改变的，但一定要有理据。孔子并不以为"礼"只是风俗，所以在"从众"还是"不从众"的取舍态度上，孔子肯定"礼"是以"道理"或"正当性"为基础的。

由"礼"进至"义"，是孔子思想的进展，但"义"还不是孔子思想的终点，尚需再进一步，那就是"仁"的观念。

"仁"观念是孔子学说的中心。至于这种哲学概念，有学者曾说：哲学家所用的词语，在一定程度上具有"系统内的约定性"，希图通过字源研究就能完全了解是不大可能的；哲学家不能自创文字，只能选定某些词语表示特殊意义，以显示其理论。那么我们看看"仁"在孔子那里是个什么意思。

《论语·雍也》：

> 夫仁者，己欲立而立人，己欲达而达人。能近取譬，可谓仁之方也已。

这是对"仁"之本义最为明朗的解释了。"仁"即是视人如己，净除私累的境界。这一种境界是一种自觉境界，是不假外求，不受制约的，孔子用此来说明人的自我主宰性。

《论语·述而》：

> 子曰：仁，远乎哉？我欲仁，斯仁至矣。

由上可以看出，"仁"虽是一种超越意义的大公境界，而人之能够去除私念以立公心，则是一种纯粹自觉的活动。正是由这里乃见人之主宰性。盖"义"指"正当性"，而人之所以能求

"正当"，则在于人能立"公心"。"公心"不立，则必溺于利欲；"公心"既立，自能循乎理分。立公心是"仁"，循理分是"义"。后来，孟子言"居仁由义"，又以"仁"为"人心"，"义"为"人路"，最能阐发孔子的仁义思想。也就是说："仁"是自觉的境界，"义"是此自觉的发用；"仁"是"义"的基础，"义"是"仁"的显现，"义"之依于"仁"，犹"礼"之依于"义"。

以上说的是"仁"与"义""义"与"礼"的关系，那么接下来还得把"仁"与"礼"的关系理理清楚。

《论语·颜渊》：

> 颜渊问仁。子曰：克己复礼为仁。一日克己复礼，天下归仁焉。为仁由己，而由人乎哉？颜渊曰：请问其目。子曰：非礼勿视，非礼勿听，非礼勿言，非礼勿动。

从以上这段我们大概可以看出"仁"与"礼"的关系。为什么说"克己复礼为仁"呢？盖克己即去私，复礼即循理。这里没提"义"，因为"义"与"礼"就实践而言，能不随私欲而归于礼时，人也就是已经在循理而行了，也就是合了"义"或者说"正当"。能依照"求正当"的意志方向去实际行动，即显"仁心"。

礼以义为其实质，义以仁为其基础。人由守礼而养成"求正当"的意志，又由此一意志唤起"公心"，这是实践程序。从理论程序上讲，"义"的地位很是显明；从实践程序上讲，则"礼""义"相连，密不可分。孔子他老人家讲究学问是要用来实践的，所以由"仁"而直接说道"礼"。

总之，孔子学说中不仅"摄礼归义"，而且"摄礼归仁"，由具体可行的"礼"开始，渐进至于"义"，终归于形而上的"仁"。"仁""义""礼"三观念合成一理论主脉，不仅贯穿孔子之学说，而且成为后世儒学思想的总脉。

治国以礼，为政以德

关于治国理政，孔子不止一次说"政者，正也"：孔子告诫鲁国季康子，"政者，正也，子帅以正，孰敢不正"（《论语·颜渊》）；告诫鲁哀公，"政者，正也，君为正，则百姓从政矣"（《礼记·哀公问》）。

孔子可谓是尊君重民的，或者说他是从尊重人的自主性，甚或直接点儿说从尊重人性出发的。他希望君主自身能够自觉克己复礼，对待百姓也要"道之以德，齐之以礼"。

首先，要求统治阶级要能够做到以身作则，按周礼行事，以周礼来约束自己，这样"犯上作乱"的事就不会发生。孔子认为"君子博学于文，约之以礼，亦可以弗畔矣夫"（《论语·雍也》），"上好礼则民莫不敢不敬"（《论语·子路》），"上好礼，则民易使也"（《论语·宪问》）。

孔子是很佩服周公的，因为周公通过制礼作乐，将人事秩序安排得妥妥当当，这令孔子很是着迷，恨不得夜夜梦到周公。身处礼崩乐坏的动荡年代，孔子有一种强烈的责任感，或者说是他的天命，那就是要挽救"礼治"，使它不至于断绝。当然，孔子也认为对周礼应该有所损益。

而孔子生活的春秋时代出现了臣弑君、子弑父、少陵长、庶废嫡等违背伦理的行为，出现了"礼乐征伐自诸侯出""政在大夫""陪臣执国命"的僭越行为。因此，孔子认为维护周礼，须从"正名"入手，认为"正名"是治国大事。他说："名不正则言不顺，言不顺则事不成，事不成则礼乐不兴，礼乐不兴则刑罚不中，刑罚不中则民无所措手足"（《论语·子路》）。孔子认为各人有各人的名分，与此相应，各人也有各人的责任和义务，正所谓君君臣臣、父父子子。

孔子在评价子产时说过这样的话："有君子之道四焉：其行己也恭，其事上也敬，其养民也惠，其使民也义"（《论语·公冶长》）。这四个方面既包含对人对己，又包含了对上对下，是一个较为全面的评价和要求。正因如此，子产使郑国兴盛起来，居相位22年，并得到人民拥护，同僚支持，国君的信任。孔子对此大加赞扬，表达了他心目中理想政治家的风范。

孔子重视道德的价值，不但强调个人的道德修养，对于治国理政也主张依据道德行事，进而形成系统的德治思想。"为政以德，譬如北辰，居其所而众星拱之"（《为政》），"道之以德，齐之以礼，有耻且格"（《为政》），这都是《论语》里记载孔子的名言。

孔子认为用德化来治理社会，人民不但知道廉耻，而且人心也会归服，就像群星环绕拱卫着北极星一样。他反对单纯依靠刑罚治理社会，主张统治者以自己的道德榜样作用来感化人民，曾对季康子这样说："子为政，焉用杀？子欲善，而民善矣。君子之德风，小人之德草。草上之风，必偃"（《论语·颜渊》）。

很明显，孔子认为对被统治的劳动者要宽惠，即实行德政。

德政包括两个相互联系的方面，即经济上实行惠民政策，政治上对民宽刑罚、重教化。经济上惠民，使民"足食"，"所重：民、食、丧、祭"。主张"因民之所利而利之"，反对统治者无节制地剥削人民，过分的剥削会造成"不均"，"不均"是有国有家者的大患。

政治上宽民，即反对实行"不教而杀"的纯任刑罚的苛政，主张对人民要"道之以德，齐之以礼"，反对"道之以政，齐之以刑"（《论语·为政》）。认为德化礼教能把犯罪禁止于未萌，比行政命令和法律制度更具有效力。

综上所述，"道之以德"包括两个方面的内容：一是统治者为人民树立道德榜样，启发民众的心理自觉。二是统治者必须推行德治，表现为宽惠使民，轻徭薄赋，省法轻刑。"齐之以礼"也包括两个方面：一是统治者要带头遵守礼的规定，从而感化和影响群众；二是所有的人都应该用礼来规范自己，用道德约束自己。这样，德化与礼教的结合就能防止犯罪和反叛。

应该指出的是，孔子重教化，轻刑罚，但他并不否认刑罚的强制作用，他视德与刑为政治的两手，两手都要重视。"宽以济猛，猛以济宽，政是以和"。（《孔子家语》）他认为政治宽厚百姓就会怠慢，怠慢了就要用严厉来纠正；政治严厉百姓就会受伤残，伤残了就要用宽厚的政策补救。

孔子基于"性相近，习相远"的人性论，认为犯罪可以通过德化和礼教来预防，罪犯可以通过仁德和礼义来教化，反对不教而杀，道德教化为消灭犯罪的有效手段。认为审判和刑罚的目的在于消除争讼发生的原因，而不在于残酷的制裁。

为了实行德政，孔子进而提出"举贤才"的政治主张。《论语·子路》记载："仲弓季氏宰，问政，子曰：'先有司，赦小过，举贤才'"；又说："举直错诸枉，则民服；举枉错诸直，则民不服"，进而孔子把民意也列入了考虑之列。

孔子"治国以礼，为政以德"的政治思想，应该说是由其"仁"的核心思想引申而出，是对人自觉性的肯定和尊重。其对中国政治思想的贡献也是巨大而深远的，从孔子开始，中国政治思想进入了体系完备的时代。

人生难得知命

忠、恕、仁、义是孔子心心念念的学说思想，也一辈子身体力行，奔波劳碌为的就是能把这套东西推出去，更希望有识货的统治者能够认同他、任用他，从而再造盛世。

可是，事实真的令人很沮丧。为此奔波了十几年都没能达成理想，还屡遭困厄，就连孔子的几位得意弟子都有些困惑和动摇了。

公元前489年，孔子已是六十多岁的老人家，为了游说诸侯，推行克己复礼之道，还带领着一帮弟子风尘仆仆地四处奔走。所到之处，遭拒碰壁，现在又被陈、蔡两国的大夫，派人围困在荒野上，动弹不得，粮食也断绝了。孔子不愧是圣人，仍然能够"讲诵弦歌不衰"，可随行弟子已经打不起精神来了，从身体到精神都垮了。于是"子路愠见"，"子贡色作"，这表现的是沮丧、困惑、质疑乃至一股怨气。

孔子当然看出"弟子有愠心"，所以要做一下思想工作。于是，拿出老师惯用的手段，先设问，再诱导，以此平息子路等人的愠怨。孔子向子路、子贡、颜回三弟子，问了同一个问题，"诗云：匪兕（sì）匪虎，率彼旷野。吾道非邪？吾何为於此？"（我不是犀牛老虎那样的野兽，为什么要沦落到在野外游荡的境地？）

结果，三位弟子的回答完全不一样。我们先看子路的回答："意者吾未仁邪？人之不我信也，意者吾未知邪？人之不我行也。"再听子贡的回答："夫子之道至大也，故天下莫能容夫子。夫子盖少贬焉？"最后听一听颜回的回答："夫子之道至大，故天下莫能容。虽然，夫子推而行之，不容何病，不容然后见君子！"（《史记·孔子世家》）

子路那几乎就是一种不自信，一种对自己信仰的质疑与困惑；子贡好像还不甚怀疑自己的信仰，但是认为既然行不通，不如降低标准；唯有颜回，那是坚定的信仰者，而且坚决捍卫自己的信仰，不为求被世所容轻易动摇立场、改变信仰。难怪孔子那么喜欢颜回。

孔子喜欢颜回，是因为遇到了知音。可是，知音能有几人？不以孔子为然的大有人在，《论语》就记载了不少，其中"知其不可而为之者"就是隐者嘲讽孔子的话。谁知后来，这竟成了一句赞语，常解作"不求结果只求过程，不论结果如何只管自己努力"这么个意思，这大概也是后人对圣人的一种变相肯定。

令人可喜的是，直接听闻这句讽语的子路，竟然做出了这样的应对："……君子之仕也，行其义也。道之不行，已知之矣"（《论语·微子》）。也就是说，我们是做我们该做的，至于不会有结果，这我们是知道的，可又有什么关系呢。这与陈地绝粮时的子路简直判若两人，大概已是那次受教后发生的事吧，一个清醒、坚定、不屈不挠的行道者似乎就在眼前。孔夫子的教学效果果然没得说啊。

教学效果好，那是夫子言传身教双重作用的结果。孔子说"五十而知天命"，而他带领众弟子周游列国就是在"知天命"之年以后。对于结果，他老人家大概是早就知道的，但是依然不辞劳苦地四处奔波了十几年，直到年近七十才返回鲁国。终不被用。于是，在生命最后的三五年间，孔子专意教学著述。

生在社会、政治大动荡的年代，对于包括社会、政治在内的诸多学问孔子都是有深入思考和研究的，"集大成者"的名号绝不是虚的。他也很想力挽狂澜，希望有人任用他，那样他就有机会实施他的主张，进而也就有可能实现他重造盛世的理想。

只可惜，没人用他。他的一切努力都是"白费"了，可是他从不气馁。他知道他不会成功，却仍然继续努力。还是张岱《四书遇》中那句话说得好："不知不可为而为之，愚人也；知其不可为而不为，贤人也；知其不可为而为之，圣人也。"

孔子自己说得也很清楚："道之将行也与？命也。道之将废也与？命也。"（《论语·宪问》）又说："不知命，无以为君子也。"（《论语·尧曰》）命就是天命，即天的命令或天意。我们的活动要想取得成功，一个在于自身的努力，另外还要有外在条件的配合，而这种配合整个地看起来，又在我们所能控制的范围之外。也就是说，我们能做的，只有一心一意地、尽最大努力去做我们知道的，所应该做的事，而不计较结果是得还是失，是成功还是失败。这样做，就是"知命"了。

这样看来，知命也就是承认世界本来存在的必然性，认识到这一层次，那么外在的成败也就不足萦怀了；当然，如果再能做到知命，那就没有什么失败可言。因为，如果我们尽了我们应尽的义务，这种尽义务的行动已经算是仁至义尽了，换句话说，也就是对得起天地良心了，可以心安了，至于成败，已不必论。

知命，会得到这样的结果：永不患得患失，永远快乐安心。所以，孔子说："知者不惑，仁者不忧，勇者不惧。"（《论语·子罕》）又说："君子坦荡荡，小人常戚戚。"（《论语·述而》）

知命是一种境界，而且还不是一般人能达到的境界，宁或说就是圣人的境界。然而，"人皆可为尧舜"，关键看你怎么做。要做儒家所说的君子，就得朝这个境界不断努力。

有教无类

孔子是一位老师，而且原本就是一位老师，一位伟大的老师，却又不仅仅是一位伟大的老师。

孔子大概在二十几岁就开始授徒教书了。从鲁昭公二十五年适齐不遇而归之后到鲁定公九年出任鲁司寇之前的十五年间，是孔子教学生涯的黄金时期。子路、曾皙、闵子骞、原思、冉求、颜回、公西华等都是这一时期收的学生。

这段时期，孔子师徒都还没有任事，生活清淡，而又充怀着理想与激情，师生都能够尽情施展和吸收，讲学的乐趣和效果简直好极了。《论语》中"子路、曾皙、冉有、公西华侍坐"一篇所反映的就是这段时期师徒相从、快乐而温馨的场景。

当然，后来孔子仕鲁，某些弟子相随出仕；孔子去职，弟子们也和老师共进退；定公十三年，五十几岁的孔子离开鲁国，开始周游列国，诸多弟子，无论年长还是年轻，纷纷来从。这真是很令人感动。有感于他们师生感情的真挚，可谓患难与共、甘苦同偿；还有感于他们为了共信共守的道，不畏艰辛、不屈不挠，明知其不可而为之的信念。

难怪孔子师徒给后人留下那么多佳话，也是那共信共守的道渐渐把孔门师徒聚合成一个坚强的团体，以至发扬光大，影响深远。弟子们不仅把孔子之道代代相传下来，也把他始创的私人讲学之风推展开来。《史记·儒林传》上说："自孔子卒后，七十子之徒散游诸侯，大者为师傅卿相，小者友教士大夫"。有人说：这促成了战国布衣卿相之局、百家争鸣之局，远而衍成中国文化与文明的优良传统；孔子是中国文化史上第一伟人，也是中国两千多年来政治、学术、人生的最高指导者。

孔子在教育方面最伟大的口号就是"有教无类"。这个口号在今天，已经成为教育界永恒的信念。岂不知，这在当时也是个突破，并且具有划时代的意义。

前已说过，春秋乱世官师失守、学术外流，这其实是一个很关键的时刻。孔子说过"礼失求诸野"。那时，随着周朝的衰落，贵族的教师们，甚至有些贵族本人，逐渐流散在庶民之中；他们丧失了本应有的爵位，但还是熟悉典籍礼法。求诸野，也就是向他们求。大概孔子的学问不少是向他们求来的，加上孔子好学深思，所以他成了文化的集大成者。

我们值得庆幸，这位文化的集大成者打破了传统的阶级观念，一再鼓吹"有教无类"，并且亲自践行。他说："自行束脩以上，吾未尝无诲焉。"当然，束脩不过是菲薄的拜师之礼，孔子看中的是学子求学的诚心而不是那几条干肉。现在我们看孔子学生的品类，那真是贵贱老少皆有：就社会地位而言，孟懿子是鲁国贵族，司马牛是鲁国贵族，而颜回是贫士，仲弓的父亲是贱人，子路则是卞之野人；就年龄而言，颜路只比孔子小六岁，子路比孔子也才小九岁，后期弟子则小得多，比如子夏小孔子四十四岁，曾参小孔子四十六岁；还有父子同门的，颜路和颜回是父子，曾皙和曾参也是父子；就国籍而言，鲁国、卫国人居多，但齐、楚、陈、蔡等国也有来投奔的，孔子可谓是来者不拒；就资质而言，那更是等类各异，用孔子自己的话说"柴（高柴）也愚，参（曾参）也鲁，师（颛孙师）也辟（偏激），由（仲由）也喭（yàn，莽撞）"。（《论语》）

瞧着这良莠杂陈、贵贱共列的清单，难怪东郭子惠要说："夫子之门何其杂也！"

虽然如此，孔子却能把诸位弟子们调教得个个有专长、个个有成就。这也就是孔子，至圣先师！人家那真是因材施教，绝无弃材。

应该说，因材施教是和有教无类配套进行的。门生既杂，要想教学效果好，对老师的要求就高了，你得先摸准每个弟子的个人情况吧。所以，孔子得机会就观察弟子的言行，或者通过聊天、谈话、提问了解他们的志趣。《论语·公冶长》就有这样的记载：颜渊、季路侍坐，孔子说："盍各言尔志？"子路答："愿车马轻裘与朋友共，敝之而无憾。"颜渊接着答："愿无伐善，无施劳。"他们答完了也问老师"您的志向是什么呢？"孔子说："老者安之，朋友信之，少者怀之。"

类似这样的闲居答问，还很多。尤其是，这样的论谈大都是诚恳而自然的切入。比如，《先进》里记载了孔子这样的开场白："你们不要因为我年纪大了些，在我面前就拘束，不敢说话。你们总是说没人赏识你们，那么假如有人赏识，你们能有什么表现呢?"几位弟子相继发言，期间还有曾皙在一旁安闲地弹着琴，边谈边听，等到老师点名让他说说看，他才停下来说愿做个悠然自适，无所羁绊的人。这是多么轻松而又温馨的场面。从中，孔子固然能了解学生的志趣和才性，学生也能从老师的言论中获得深深的启发。

孔子这位老师的确对弟子们的性情才能了如指掌。有一次，季康子来问，孔子则向他分析了弟子们的长处：子路"果"，勇敢有决断；子贡"达"，明达懂事理；冉有"艺"，多才多艺。甚至于这些弟子能干什么，能担当什么样的职位，孔子都心里有数："由也，千乘之国可使治其赋也；求也，千室之邑，百乘之家，可使为之宰也；赤也，束带立于朝，可使与宾客言也。"他欣赏子路，喜欢这个率真爽直的学生，却也担心"若由也，不得其死然!"果然，子路后来在卫国之乱中被杀，孔子痛心不已。

孔子在教学方法上主张"不愤（心求通而未得）不启，不悱（口欲言而未能）不发，举一隅不以三隅反，则不复也。"（《论语·述而》）这是要学生自己先有求知的欲望，要自己先行思考研究，当学生到了渴求学问的劲头儿，这时老师只要在这关键时刻提点一下，就如醍醐灌顶一般，学生也就豁然开朗了，而且印象必然深刻。这也是《易经》里说的：童蒙求我，非我求童蒙。全不似现在这样，对孩子掠夺式的启发、灌输式的教育。

孔子对学生用的也不是一套固定的教案，有时同样的问题，不同的人问，他都有不一样的回答，很是灵活。他也不讲抽象的大道理，也不旁征博引，而是旁敲侧击，近取譬。这还得说孔子有为人师表的丰厚根底，他本身就好学而博学，通达事情，是天人之师。

前面说过，百家之学的兴起，是从私人讲学开始的，而孔子就是中国历史上第一个以私人身份教了大量学生的人。照传统说法，他有几千名学生，其中贤者七十二，成为著名的思想家和学者。更关键的是，这些学生将孔子的思想学说延续了下来，比如孔子门生及再传弟子集录整理的《论语》，就是研究孔子及儒家思想尤其是原始儒家思想的主要资料。尤其，它还成为四书之首，成为后世读书人必读的经书，其影响可谓深远。

"为万世垂教"，这才是至圣先师孔子的大功德。

第五章　通神老子

如果说孔子是圣人，那老子就是真人，也就是修真得道的人，没准还有得道成仙的意思在内，太上老君不就是以老子为原型的吗？当然了，这里面包涵着人们美好的想象。但是，要说老子是位伟大的哲学家，这应该就是公认的了，而且是世界公认。老子是比孔子还年长的人，据说，孔子还向老子问过礼，回来后评价说老子简直是神龙见首不见尾。老子的《道德经》玄而又玄，也不是一般人所能了解的，正所谓"上士闻道"。老子主张"无为无不为"，信奉"柔弱胜刚强"，还认为"反者道之动"。老子不争，不敢为天下先，鉴于他的这一点，也鉴于他的受众"上士"不是大多数，所以我们将他放在孔子之后来讲。

老子其人和《道德经》

老子别说在诸子百家里，就是在整个中国历代思想家中，也算得上是最具传奇性的人物了。我们不知道他到底是老聃还是李耳，有说这是一个人的，也有说根本就是两个的；我们不知道他到底活了多大年纪，有说他活了一二百岁，也有干脆就说他得道成仙了的；我们也不知道他最后到哪儿去了，只说是出关避世走了，做神仙去了。

不过，再怎么着也得给个粗略的生平简介：老子（约公元前571年——公元前471年），字伯阳，谥号聃（dān），又称李耳（据说古时"老"和"李"同音，"聃"和"耳"同义）。楚国苦县厉乡曲仁里（今河南省鹿邑县）人。曾作过周朝"守藏室之官"（国家图书馆的馆长），我国最伟大的哲学家和思想家之一，被道教尊为教祖，世界文化名人。

和大部分离我们久远的神圣人物一样，老子的出生也很神。据传，老子是彭祖（据古代典籍记载，彭祖是颛顼的玄孙，相传他历经唐虞夏商等代，活了八百多岁）的后裔，在商朝阳甲年，母亲理氏在村头的河边洗衣服，忽见上游飘下一个黄澄澄的拳头大小的李子，忙用树枝将这个李子捞上来。到了中午，理氏又热又渴，便将这个李子吃了，由此怀了身孕。理氏怀了81年的胎，才生下一个男孩。这男孩一生下就白眉白发，白白的大胡子。因此，理氏给他取的名字叫"老子"。老子生下来就会说话，他指着院子中的一棵李子树说："李就是我的姓"。

等到老子十几岁上发蒙求学，他有幸拜得了一位好老师——精通殷商礼乐的商容（亦作"常枞"）老先生。此人通天文地理，博古今礼仪。《慎子·外篇》云：

商容有疾。老子曰："先生无遗教以告弟子乎！"容曰："将语子：过故乡而下车，知之乎？"老子曰："非谓不忘故耶？"容曰："过乔木而趋，知之乎？"老子曰："非谓其敬老耶？"容张口曰："吾舌存乎？"曰："存。""吾齿存乎？"曰："亡。""知之乎？"老子曰："非谓其刚亡而弱存乎？"容曰："嘻！天下事尽矣。"

不忘故、敬老、守柔、处后——这就是老子从商容老先生那里学到的礼义原则和人生哲理。当然，老子也不是单跟商容老先生一个人学，人家也是"遍访相邑之士，遍读相邑之书，遇暑不知暑，遇寒不知寒"。这和孔子说的"三人行必有我师焉"是一个道理。我们中国人原来不叫知识，都说学问，是学来的问来的。

这样"学问"下来，"相邑"就显得小了点儿，也封闭了点儿。据说，后来，在商容老师的指引和推荐下，老子又入周求学，其实也就相当于现在所说的深造。因为，老师看出来他这位弟子是个可造之材，应该着意培养；而周都——典籍如海，贤士如云，天下之圣地也，非入其内难以成大器，得让弟子走出去开阔视野。

老子入周，拜见博士，入太学，天文、地理、人伦，无所不学，《诗》《书》《易》《历》《礼》《乐》无所不览，文物、典章、史书无所不习，三年而大有长进。博士又荐其入守藏室为吏。守藏室是周朝典籍收藏之所，集天下之文，收天下之书，汗牛充栋，无所不有。老聃处其中，如蛟龙游入大海，海阔凭龙跃；如雄鹰展翅蓝天，天高任鸟飞。老子如饥似渴，博览泛观，渐臻佳境，通礼乐之源，明道德之旨，三年后又迁任守藏室史，名闻遐迩，声播海内。孔子还去周向老子问过礼，回来后很感慨地对弟子说："吾今日见老子，其犹龙邪！"意思是说老子"神龙见首不见尾"，让人琢磨不透。

也就是这位神龙见首不见尾的老子，给我们留下了玄而又玄的《道德经》。同样的一个麻烦事儿，《道德经》到底是不是老子的大作也有质疑。还是那句话，咱们的古人不大在乎个人的著作权，而愿意成一家之言，更愿意一脉相承。主要思想是谁的，推谁做代表更有利于本家学说的推广流传，那就推谁。本着这个原则和一贯性，我们说《道德经》基本是老子的思想，所以人家一开始不叫《道德经》而叫《老子》。

传说《老子》是老子离官归隐，要出函谷关的时候留下的著作。

函谷关大概原来在今天的河南灵宝县，后来关口移到了今天的河南新安县。这里两山对峙，中间一条小路，因为路在山谷中，又深又险要，好像在函子里一样，所以取名为函谷关。

守关的长官是尹喜，称关令尹喜。尹喜，字公文，相传是西周王朝中的一位贤大夫。他自幼究览古籍，精通历法，善观天文，习占星之术，能知前古而见未来。后来眼见天下将乱，他便辞去大夫之职，请任函谷关令，以藏身下僚，寄迹微职，静心修道。尹喜上任后，在关旁结草为楼，称之为楼观，每天在这里观察天象。有一天夜里，尹喜在楼观上凝视，忽见东方紫云聚集，长达三万里，形状犹如飞龙，由东向西滚滚而来，十分惊喜，知有大圣人将从此经过，他便立刻召见守关兵卒孙景说："传令下去，九十天内将有大圣人路经此关，汝等要时刻留意，如有形容奇特、车服异常者从东而来，要求度关，切勿放行，立即禀报，不得有误。"同时，派人清扫道路四十里，夹道焚香，以迎圣人。尹喜自己也天天沐浴，日日斋戒，净身等待。后来老子果然骑青牛过此，尹喜亲去拜迎。

之后，关令尹喜引老子至官舍，请老子上坐，焚香而行弟子之礼，恳求道："先生乃当今大圣人也！圣人者，不以一己之智窃为己有，必以天下人智为己任也。今先生将隐居而不仁，求教者必难寻矣！何不将您之圣智著为书？关尹虽浅陋，愿代先生传于后世，流芳千古，造福万代。"于是，有了《老子》这本书的流传。

据说，老子去后，尹喜辞去关令之职，终日在楼观之上修习，初时不甚明了，诵之口熟，渐渐品出其中妙蕴。后终于悟出真谛，修成大道，成为文始先生无上真人。尹喜在升天之前，来到老子故里，并把自己的躯体留在这里，让自己的忠魂永远守护恩师的家门，以报答五千至言教诲之恩。

《老子》这本书可谓是步步升级。一开始叫《老子》，那是放在诸子之学里面，跟诸子学说齐肩。到了汉初，崇奉黄老之学，文景时期改称《老子》为《道德经》，从"子"到"经"，那地位可就大大地提升了。再到了唐朝，皇帝姓李，就非要跟老子这位姓李的圣人攀扯攀扯，自称是老子后代，到唐玄宗时候，《道德经》又升一格，叫作《真经》。这是四书五经，或者说十三经之外为数寥寥的经书，虽不在科举必考书目之列（这也暗合老子心意），却似乎一直是读书人自觉必读之书，甭管你是出世还是入世。这也是中国思想、中国人"一阴一阳之谓道"的体现吧，得意失意间总得搞个平衡，即便正得意，也得做个失意的思想准备，失意时更得想着"反者道之动"，好存个希望。其实，说到底还是为了修身，这是做人的根本。不管怎么说，反正这五千言的《道德经》对中国社会、中国人的思想、文化之影响那绝对是深远的。

　　《易经》《论语》和《道德经》被认为是对中国人影响最深远的三部思想巨著。有人说，《论语》是为中等智慧的人解释"易经"的道理，而《道德经》是为上等才智的人解释"易经"的道理，或许是吧。

　　《道德经》分上、下两篇，共五千言。上篇起首为"道可道，非常道；名可名，非常名"，故人称《道经》。下篇起首为"上德不德，是以有德；下德不失德，是以无德"，故人称为《德经》，合称《道德经》。《道经》言宇宙本根，含天地变化之机，蕴阴阳变幻之妙；下篇《德经》，言处世之方，含人事进退之术，蕴长生久视之道。全书的思想结构是：道是德的"体"，德是道的"用"。

　　老子试图建立一个囊括宇宙万物的理论。他认为一切事物都遵循这样的规律，而此规律无可名状，姑且名之曰"道"。《道德经》以"道"解释宇宙万物的演变，以为"道生一，一生二，二生三，三生万物"，"道"乃"夫莫之命而常自然"，因而"人法地，地法天，天法道，道法自然"。"道"为客观自然规律，同时又具有"独立不改，周行而不殆"的永恒意义。《道德经》中有着朴素的唯物主义的观点。此外，《道德经》中包括大量朴素辩证法观点，如以为一切事物均具有正反两面，"反者道之动"，并能由相互对立而相互转化，"正复为奇，善复为妖"，"祸兮福之所倚，福兮祸之所伏"。又以为世间事物均为"有"与"无"之统一，"有、无相生"，而"无"为基础，"天下万物生于有，有生于无"。此外，书中也有大量的民本思想："天之道，损有余而补不足，人之道则不然，损不足以奉有余"；

"民之饥,以其上食税之多";"民之轻死,以其上求生之厚";"民不畏死,奈何以死惧之?"。

老子主张无为,是因为那个时代太爱作为;老子主张不争,是因为那个时代太好争;老子主张效法自然,是因为那个时代乱了套了,没有秩序可言,没有规矩可讲。总之,老子提出这样的思想主张是和他那个社会时代息息相关的。

老子为什么要出关

这是一幅《老子传道》图,我们从这幅图里面可以看出很多很多东西来。画这幅画的人,他本身必定也是位道家修养很高的人。他就这么一画,什么都不说,大家自己悟去吧,能悟到多少算多少。

画中的这位老人就是老子,老子为什么要跟老虎坐在一起?他在和老虎说什么?这幅画又有着怎样的寓意呢?

首先,众所周知老虎是凶猛的动物,代表刚。而老子的身体和神态则是柔和的,代表柔。老子的哲学里面,很明确地告诉我们,柔弱胜刚强。老子如果是龙,这幅图也可以说是在讲中国社会,那就是"卧虎藏龙"。老子是龙,这还是孔子说的呢,这个我们前边讲过了,那意思也就是说孔子觉得老子像龙那么神,见首不见尾的,让人看不懂,也琢磨不透。

那么,老子头上的圈圈又代表什么呢?看老子的神情和老虎的样子,他们似乎还在交流,而且还很和谐,根本没有剑拔弩张的紧张气氛。这要是跟武松打虎的画儿放在一起看,大概就更有味道了吧。

奇怪，老子跟老虎说什么呢？老虎那么服帖。

这个圈圈就是"道"。也只有讲"道"老虎才听得懂吧。那老子为什么要跟老虎说话呢？这个才是给我们的最大启发。他告诉我们，《道德经》要讲的是真话，而讲真话是高度危险的，就好比跟老虎讲话一样，老虎它也代表诸子百家，或许还代表那些争霸的强者。老子说，你们都各有一套自己的说辞，诸子百家也都很有学问，但是，各有不同的立场，就那个立场，你们讲出妥当的话，成就一家之言。可是这样一来，也造成很多纷争。大家各说各话，每个人都认为自己是对的。

毫无疑问，这也是那个时代发展必然要产生的现象，甭管好不好你也得接受。我们现在看来，那是个思想学术相当繁荣的时代，思想活跃而自由，简直令人向往。这当然是后人公认的好处，也确实对后世中国思想乃至社会发展具有相当积极的意义。

然而，在当时人看来那可就大不一样了。他们看到的是：公说公有理，婆说婆有理；到底谁有理？永远说不清。于是，关心天下兴亡的人都很忧心，认为这是"道术将为天下裂"，是"世衰道微"了。

那个时代的老子也有些着急，他就想要讲真话，可是讲真话在那种时候和情境下是相当危险的。所以他就说：那我干脆出关去吧。写下这五千言的《道德经》就莫知其所踪了。

当时的老子其实可以优哉游哉地过生活，他干嘛写完以后，就莫知其所踪了呢？这是玄机。

他提醒我们，人应该说真话，可是你至少得考虑这么三点：第一，你有没有能力说真话；第二，你说了真话人家会不会相信；第三，讲了真话会不会带来不良反应，甚至严重后果。

老子要传道，而且是给"老虎"传道啊，危险大大的。老子跟老虎靠什么沟通呢？靠语言？当然不可能，因为道是不能用来讲的，道用来讲是永远讲不清楚的，永远有偏失的，永远会找麻烦的，道是用来行的。老子和老虎的沟通是靠《易经》里面所讲的那个"应"，相应不相应而不是应该不应该，也就是有没有相互感应的意思。

我们人与人之间的交流互动，心灵感应很重要，光靠嘴巴，靠言词，说得再多，可能还不如一个眼神儿、一个动作，甚至于无形的管道。这个就叫心连心、心心相应。心跟心连在一起的时候，你不说话他都知道。所以，中国人不大相信你说什么，他们更相信自己的感觉。我们常说"看他怎么说"，你瞧，是用"看"不是用"听"的，这种用法本没有错，"看"的要比"听"的更丰富，岂止在语言。

这样看来，老子传道是不强求的，他老人家就只留下了五千言就出关去了。"道"说多了没用，你自己感应去吧，你自己悟去吧，悟到多少算多少。

道可道非常道的矛盾心态

《道德经》开篇就说："道可道，非常道；名可名，非常名。"这头一句就把人难住了，单就断句来说，意见就有好几种，这里采用的是常见的一种断法。鲁迅先生在小说《出关》里边写道：老子一开口，就把边关上要他讲课的全部官兵吓住了，因为谁也听不明白他在讲什么。人的习惯就是这样，如果一开始弄不明白，大部分人就放弃了。

老子开头这句话，其实是摆明了一个著作者的矛盾心态。他很谦虚地告诉大家，后面的文字所传达的意义并不是他心中的终极意义，终极意义只可意会，不可言传。可是，如果完全不言传，人们又很难得其门而入。因此，老子很勉强地写下这五千字。这五千字，就相当于"起跳板"，读者是否要完成那个跳跃，就看自己了。

"道可道"，这三个字里，第一个"道"字是名词，指的是世间大道。第三个字也是"道"，却是动词，指的是表述。"名可名"的结构也是这样。这几句话连在一起，翻译成现代汉语，大概的意思就是：道，可以说得出的就不是永恒的道；名，可以说得出的也不是永恒的名。

老子的思想是异于常人的。关于"道"，老子认为不管是自然大道、宇宙大道或是人间大道，一旦我们自认为讲明白了，其实就已经偏离了它。因为道不受时间、空间限制，而语言却是有局限的。因此，只要我们把大道付之语言表示，就是对大道的一种损伤，一种切割，一种或多或少的扭曲。

关于"名"，老子是觉得用概念、名号去定义不同的对象，显然也不能十分恰当。有几位西方现代哲学家特别喜欢老子的这个思想。当你试图去定义时，用的是过去产生的类别划分。类别划分本来就是一种最粗浅的概括，已经取消了事物本身的独特本质。名，不过是一时之名，权宜之名，非本性之名，非个体之名。尤其遗憾的是，本来为了方便而叫出来的名，却替代了事物的本性，人们对这个名还认真起来，甚至还特别容易为了名而争斗。在老子看来，这从一开始就搞错了。

总之，不要过于相信已经创造的知识，也不要过于肯定已有的思维方式对存在的认知和解释，认识本质最为重要。而且，不单单是"认识"，还得加上"悟"，认识"道"是需要点儿悟性的。

何谓"道"，何谓"德"

《道德经》的得名，是因其书"言道德之意"。那么什么是"道"，什么又是"德"呢？

作为道家思想的奠基人，老子最早明确提出：宇宙的天地万物，都来源于一个神秘玄奥的母体——"道"。道家的得名，应该也缘于此。老子所说的道，具有自然无为，无形无名，既看不见又摸不着，又不可言说的特性。它是天地开辟之前，宇宙浑沌混一的原初形态，也是超越一切有形事物的最高自然法则。

大道无形无名，却孕含着一切有形事物生成发展的玄机。老子说："道生一，一生二，二生三，三生万物。万物负阴而抱阴，冲气以为和"。也就是说：从空虚无形的"道"首先生出浑沌混一的"元气"，"元气"分为阴阳二气，阴阳二气交感冲和而化生和气，再由和气派生出世界万物。天地万物皆为阴阳二气冲和而生，所以都包含着阴阳两个方面。这便是道家关于宇宙生成演化的基本理论。

与道相对的另一个概念就是"德"。老子说：道创生万物，德含有万物，培育万物，成长万物，爱护万物。这样看，道是德的本体，德是道的作用。道和德是体与用的分别，没有本质上的差异。德是道显现于万物者，也就是说，万物得之于道的便是德。因此，万物在创生之后，仍然秉持道的全性。这不但说明了道生万物，同时也说明了万物必须持续着道所赋予的常性，显现道心，如其不然，想不发生危险是绝无可能的。

老子把"道"看作神秘的世界本源，因此不赞成人们学习庞杂、奇巧、具体的知识，以免被各种纷纭复杂的外部现象所迷惑。他主张人们应该直接去体认事物背后隐藏的道理和法则，虽然现象不断变化，但现象背后的道理和法则是不变的，是"常道"，那才是根本。抓住了根本的道，才不至于被现象迷乱了眼，甚至搞乱了心。

体认的方法是闭目塞听，绝圣弃智，涤除玄览，致虚守静。也就是闭塞感官与外部事物的接触，放弃主观成见，使内心清静无欲，达到与虚静自然之间完全相合的"玄同"境界。这样才能体悟"万物皆根源于道，并最终复归于道"的真理。

在老子的思想中还包含着某些辩证法的因素。他看到美丑、善恶、祸福、有无、难易、高下等矛盾对立方面互相依存的关系，并且认识到事物发展变化过程中物极必反，矛盾双方互相转化的道理。但是他又认为事物的变化运动，循环往复，最终仍然复归于静止不变的道。所以老子说："致虚极，守静笃，万物并作，吾以观其复。夫物芸芸，各归其根。归根曰静，静曰复命。复命曰常，知常曰明。不知常，妄作，凶；知常，容。容乃公，公乃王，王乃天，天乃道，道乃久，没身不殆。"（《道德经》）

老子这种关于"道"与"德"的思想，反映了春秋战国时期社会大变革中，部分仁人志士内心的痛苦、郁闷以及深刻地思考。他们希望恢复社会秩序，减少战乱纷争。主张圣人，也就是统治者，治国修身应该效法天地自然，遏贪欲，贵柔守雌，清静无为。反对倡导礼仪、尚贤有为的政治学说，认为这是造成道德沦丧，使人争夺难治的原因所在。

老子的深刻之处，就在于他从纷纭复杂的事物背后，发现了某种稳定的，支配事物发展变化的自然法则，将之命名为"道"，并且以此"常道"，也就是天道自然的观点取代了神的观念。这与文武周公以至于孔子的意旨是一致的。不妨说，是他们共同的努力，使得中国这片土地上此后几乎完全没有可能再产生神本位。

反者道之动与柔弱胜刚强

《道德经》第40章说："反者道之动，弱者道之用"。这两句话的意思是说：循环往复，这是道的整体运动规律；柔弱不争，这是道的运行法则。道就是这样四两拨千斤地，不费吹灰之力地推动着事物的转化，何其自然而神妙！

"反"和"弱"共同构成了老子"转化"世界观的基础。在对万物的观察中，老子认识到了事物的对立、依存、转化及其缘故。这是有关道的"转化"法则的精炼概括。

首先，在老子看来，许多事物或现象的关系是既相反又相互依存的。比如，美与丑、有和无、难与易、长与短、高与下、音与声、前与后等等。世界上之所以有美，是由于存在着丑，如果没有丑的存在，也就无所谓美，其他也是同样的道理。因此，在老子看来，对立和相反的事物并不完全是消极的对立，他们彼此也有成就对方的作用。再进一步，老子认为，任何事物都往往包容着相反的东西，老子以佯谬的方式揭示说："大成若缺，其用不弊。大盈若冲，其用不穷。大直若屈，大巧若拙，大辩若讷。"

其次，事物之间的关系不是固定的存在，他们彼此包含着成为对方的可能性，时机得宜就相互转化。如祸福之间的转化，老子有一个著名的说法："祸兮福之所倚，福兮祸之所伏"。"塞翁失马，焉知非福"的故事，大概就是后人对老子祸福相依、随时转化的一个生动演绎。事物过分的强大，也会朝着相反的方向转化，用老子的话说就是"物壮则老，是谓不道，不道早已。"按照老子的看法，事物的转化取决于不同因素的积累，只要事物的相反因素和力量积累到一定程度转化就会发生。这让我们想到"易道"所讲的：阴中有阳，阳中有阴，阴阳转换的道理。他们如出一辙。

再次，在事物的转化中，表面上看起来是柔弱的一方实际上则更具有生命力。在一般的思维中，人们对于有与无、动与静、实与虚、阴与阳、上与下、直与曲等这些正反的两面，往往肯定和偏爱的是前者，但老子更肯定和钟情的却是后者。因为，他在常人认为是消极的、不利的方面看到了力量和意义。这种反向或逆反的思维方式，不仅是非常独特的，也是别具意义的。

最后，在对反面事物的作用及价值的深刻认识中，老子产生了贵柔的思想。老子从生物死后都变得僵硬得出结论说，事物和生命的活力、持续在于它的"柔和性"，在善处卑下和弱势的位置——"人之生也柔弱，其死也坚强；草木之生也柔脆，其死也枯槁。故坚强者死之徒，柔弱者生之徒。是以兵强则灭，木强则折。"老子还赞美"水的美德"，也是因为"水"是柔弱和柔和的象征，它不与其他事物争高低，最接近于道的本质。"水善利万物而不争，处众人之所恶，故几于道"；"天下莫柔弱于水，而攻坚强者莫之能胜，以其无以易之。"水是最柔弱的，但它蕴含着无限的冲击力，能够攻坚克难，充分体现了柔弱胜刚强的"道"性。

"无为"不是什么都不做

道性还体现在"道常无为而无不为"上。而老子讲的"无为"并不是什么都不做，光等着"天上掉馅饼"。因为，人家的"无为"后边明显紧跟着一个"无不为"。

老子主张无为，只是说不妄为，并不是说毫不作为。不妄为是顺自然而为，是顺公意而为。如此，其结果就是"无不为"。换句话说，"无为"仅是其手段，"无不为"才是其目的。而老子这套看似矛盾的智慧完全是从效法自然来的。

不信你看：道虽生化万物，覆育万物，却无一点儿私心要主宰他们，占有他们，而完全是自然而然，无心而成化。所以老子说："大道泛兮，其可左右。万物恃之以生而不辞，功成而不有，衣养万物而不为主。"又说："道生之，德畜之，物形之，势成之，是以万物莫不尊道而贵德。道之尊，德之贵，夫莫之命而常自然。故道生之，德畜之。长之育之，亭之毒之（一本作"成之熟之"），养之覆之。生而不有，为而不恃，长而不宰。"

　　这意思是说道和德生长万物，畜养万物，既不占有他们，也不干涉他们，更不自居生养覆育的功劳，完全因任自然，也就是所谓"莫之命而常自然"。正因为"莫之命而常自然"，所以才能收到万物的推崇、尊敬。因此，"自然"二字，就是道创生万物的原则，即"道法自然"。

　　所谓"自然"，就是自然而然，无心自化，并不是在道之上还有一个叫作"自然"的东西，而为道所遵从效法。唯其一切都顺乎自然，毫无期图，万物才能遂其所生，而道才能尽其生化万物之功。这就是所谓"道常无为而无不为"。

　　其实，老子就是希望将无为的思想运用到治国安邦上。他在"道常无为而无不为"的后面紧跟着就说"侯王若能守之，万物将自化。化而欲作，吾将镇之以无名之朴，夫亦将无欲。"意思是说：王侯若能遵守"无为而治"的原则，那天下万物就会自然成长，自然成长而至欲望萌发时，那就用道的真朴来教育他们，道的真朴能使他们免除贪欲。

　　这也是老子"以正治国"思想的根本依据。他主张：治理国家要顺应自然，不能搅扰百姓。天下的禁令越多，人民就越贫困；人民的利器越多，国家就越昏乱；人民思想越乱，邪恶的事情就越容易滋生；法令越多越森严，盗贼就会越多。

　　"无为"，主要是针对并要求统治者限制和约束权力的滥用，反对实行违背人民群众意愿的行为；动辄随意颁布这个法令、那个制度；或朝令夕改，不讲政策的连续性。老子提倡，一切法令、政策的颁布都要"以百姓心为心""任百姓自化（即自然化成）"。

　　老子"无为而治"的思想，在中国历史上发挥过重要作用。

西汉初期，黄帝、老子的学术思想被广泛运用于社会政治实践，取得了积极的成效，因而出现了中国历史上有名的"盛世"——"文景之治"，可以说这是黄老思想治国安邦的一次成功实践。

按照老子的意思，顺天应人是国君治国理民的纲领，能做到这样，其思想和事业就可以永不磨灭。这种充分尊重民意，相信群众和依靠群众的政治智慧，与我们今天提出的"以人为本，建立和谐社会"的主张不谋而合。

"为道"与"为学"

如果说治国安邦的事儿离我们尚远，那么为学就离我们贴近。关于如何"为学"老子可也给我们深刻的启发。

《道德经》上说："为学日益，为道日损。"一般认为"为学"就是一种知识的积累，而"为道"则是指对自然大道的认识和把握。陈鼓应先生说："为学是求外在的经验知识，经验知识愈积累愈增多。为道是摒除偏执妄见、开阔心胸视野以把握事物的本根，提升主体的精神境界。"高明先生则说："为学指钻研学问，因日积月累，知识日益渊博。闻道靠自我修养，要求静观玄览，虚静无为，无知无欲，故以情欲自损，复返纯朴。"

这大概是提醒人们，求学是分层次的，刚一开始是"为知"的阶段，知识越多越好，正所谓博学；但是，到了后来，就应该进入"为道"的阶段，跳出纷繁芜杂的具体知识，真正体认本源大道，老子认为这才是根本。

　　显然，这两个层次的要求或者也可以说体现是不一样的，一个是"日益"一个是"日损"。其实，老子的目的还是要讲"为道"，为了提示人们如何"为道"，特地把它和"为学"联系起来，好通过他们之间的差别，来更好地理解怎么样"为道"。

　　好奇求知是人的本性，人们在实践的基础上总是会对世界万物及其知识产生追问，这也是生产力发展的一个原动力。

　　人类首先偏爱感觉，因为它能使我们更真切地认知事物，具体区分事物之间的许多差别，接下来就上升到理论知识，但知识还不等于智慧。知识可以爆炸，可以无限的扩张，可以让你终其一生，夜以继日，累得吐血都学不完，可是，也很可能你废了九牛二虎的劲儿，花了几年美好的青春学来了，没过几年它又过时了。知识的更替就是这么快。所以，现代的人们时常感慨信息时代真累人，我们根本赶不上知识更新的速度。

　　但是，智慧就不一样。智慧正是纷乱后面的那个一，那是一贯的，是常道是本源，惟精惟一。掌握它，你也就能够从容应对了。而且，知识不会遗传，智慧据说还可以遗传呢。有人说，这辈子多读书，多掌握道理，到下辈子还管用。这也许有点玄，姑且存而不论，不过，你懂得了大道，提高了智慧，多少能循此道理去教导你的儿子或者你的孙子，这不也是一种遗传吗，或者叫传承，再不然就叫影响。

　　可"为道"之前要不要"为学"呢？或者说"为道"的途径在哪里？

　　关于这个，老子好像也没明说。"为道日损"就是闭目塞听，什么都不学吗，甚至还得天天"减压"，把有的都扔了？恐怕也不是。我们知道，老子本身就是一个博学的人，人家是图书馆的馆长耶。中国这些往圣先贤，几乎可以说100%都首先是个大学问家。自己学富五车，不让别人学？应该不会，或者说肯定不会，老子、孔子这些圣人都不要固执和偏见，要"日损"的也是这种偏见和固执。只掌握了一部分知识，就固执着这部分知识，或者拿着它当武器攻击别人，这就乱了套了，纷争也就起了。

公说公有理，婆说婆有理，其实都没理，又都有理，因为阴中有阳阳中有阴吗，没有全对，也没有全错。争论了半天，最后还得归到背后那个本源大道上。

老子虽然说过："古之善为道者，非以明民，将以愚之。"（"愚"在这里的意思是淳朴和天真，圣人不只希望他的人民愚，而且希望他自己也愚。老子就说："我愚人之心也哉"，在道家看来，"愚"不是一个缺点，不寒碜）。但是，我们也应该认识到，圣人的"愚"和普通人的"愚"，和孩童的"愚"还是有区别的。

圣人的愚是一个自觉的修养过程的结果。它比知识更高，比知识更多，而不是更少。中国有一句成语："大智若愚"，说的就是这种情况。圣人的愚是大智，不是孩子和普通人的愚。后一类的愚是自然的产物，而圣人的愚则是精神的创造。二者有极大的不同。

在老子的时代，甚至可以说在整个中国古代，不识字的人那是绝大多数，写个家书还得找人代笔呢，以至于都有穷困潦倒的读书人专门摆摊儿挂幌儿"代写家书"呢。在那时，不但"愚民"（动词+名词）容易，做"愚民"（形容词+名词）几乎就是绝大多数百姓的宿命。但是，时代不同了，随着社会的发展进步，如今读书识字的人多了，人们受教育的程度越来越高，加之各种媒体日益发达，民智已开，再想做回原始的"愚"（淳朴和天真）已经并非易事了。

求知为学的人一多，自负自大，甚至盲目自负自大的人也就多了。惟其如此，老子的"为学与为道"之论对我们当下也就更有积极的现实意义。

时下，我们大部分人可能还都局限在求知的层面上，所以要特别提醒自己，在求知为学的时候千万不要忘记，这只是个较低的层次，不要仅停留于此而沾沾自喜，前方还有一个更高的层次呢，那就是"为道"。"为道"是一种更高的境界，是天地人互通的境界，是惟精惟一的境界。"为道"也是一个人精神的旅程，是对生命的体认和对宇宙的觉解，是人类发展的终极目标。

合道生活"不失其所"

老子还为我们提出了一套"修身养性"和"处世"的精湛人生艺术。无限和伟大的"道"是万物生发的不竭源泉，合乎道而生活或者遵循道的本质而存在，人就能够保持相对长久的生命和快乐的生活。

老子说："不失其所者久，死而不亡者寿。""不失其所"即"不失去根本的道"，这是生命长久的奥秘。老子这里说到的"寿"，是指一个人死后不被人们所遗忘。由此也可以看出，中国人追求"永生"的方式，往圣先哲早就为我们设计好了——求神不如求己，合道而生。

合乎道的生活方式体现为一系列的修身和养生原则。在这些原则中，老子要求人过一种"适度"和"节制"的生活。这就是他提倡的"去甚，去奢，去泰"。老子观察到上层社会生活的丰裕和奢侈并加以批判："朝甚除，田甚芜，仓甚虚；服文采，带利剑，厌饮食，财货有余；是为盗夸。非道也哉！"（天下朝政很腐败，农田很荒芜，仓库很空虚，你还穿锦绣的衣服，佩带锋利的宝剑，享受精美的大餐，搜刮多余的财货，这叫强盗头子。实在不是遵道而行啊！）

老子提醒说，人的生命机体的可承受性是非常有限的，过度的消费会损害生命的机能和身心的平衡。所谓"五色令人目盲；五音令人耳聋；五味令人口爽；驰骋畋（tián）猎，令人心发狂；难得之货，令人行妨。"在老子看来，合理的养生之道，是避免过度使用有利的事物，那都是直接威胁生命的可怕力量。

而过度的占有源于人们的不知足。老子教导说，要给予，不要索取，他还使用了一个反常的逻辑："既以为人己愈有，既以与人己愈多。"意思大致相当于"助人者，人恒助之；布施者，会有成倍的回报"。老子规劝人们要知足，是基于人们已经拥有的东西，不是相对于未来的希望。它不是鼓励人们懒惰，而是要人们有自我满足和自我肯定的心境。既不执着营求于财富，又使生命处于旺盛和饱满的状态。

老子有一个"啬"的概念，恰当解释应该是"爱惜"和"蓄养"，所谓"治人事天，莫若啬"。珍惜和保存自己的精力是最好的养生方法，珍惜和蓄养天地的资源则是人类可持续发展的必然要求。这样看来，小康生活应该是最理想的，富裕生活则已属于奢侈一类，从人类的长远发展看，还是细水长流的好。

老子的智慧玄妙深奥，却又实在朴实；俗人看来是有些反常，却道出了宇宙和事物的真谛；看似矛盾的，但又融洽无碍。古往今来，人们一直在试图揭示老子思想学说的深刻奥妙，但老子一开始就预测，懂得他的人可能很少。如果有人真正能够遵循他的话而行动，那就更是难能可贵。这就是"上士闻道，勤而行之；中士闻道，若存若亡；下士闻道，大笑之。不笑不足以为道。"（《道德经》）

　　还是那句话，这个要靠悟性。悟道（到），得道。

第六章　不战而战的兵圣

　　孙武，被后人尊称为孙子（春秋战国间有两个"孙子"，一前一后相差百余年，前者即孙武，人称"吴孙子"，后者是孙膑，人称"齐孙子"，这主要是根据他们的主要活动地，或者说建功立业之地加以区别，其实他们都是齐国人，而且还是一家人）、孙武子、百世兵家之师、东方兵学的鼻祖、兵圣。其生年略晚于孔子，而卒年与孔子差不多。曾以《兵法》十三篇见吴王阖闾（hé lú），受任为将。领兵打仗，战无不胜，与伍子胥率吴军破楚，五战五捷，率兵 3 万打败 60 万楚国大军，攻入楚国国都郢（yǐng）。北威齐晋，南服越人，显名诸侯。既称兵圣，他就绝不仅是个单纯的军事家，也不仅止于古代军事学的奠基人这么个位置。孙武子对于战争有一个高远深邃的整体认识，他的《孙子兵法》科学地概括和总结了异常丰富的哲学道理，以致广为传颂、影响深远，其本人也成为春秋末期思想界中与孔子、老子相并列的人物，被并称为那个时期思想界的三颗明星。

将门出虎子

人说齐鲁大地海岱之域出了两位圣人，一文一武，一儒一兵。儒者，鲁国孔子，修《春秋》、传《论语》，汇集诗、书、礼、易之大成；兵者，即齐国孙子，崇太公、承司马，凝炼兵学文化之结晶。

两圣也差不多同时代。大约公元前 552 年，即孔子出生的前一年，孙武子出生，至于他是出生在齐都临淄之官邸，还是出生在田氏祖上的其他封地（如莒［jǔ］邑或乐安，莒邑在齐国都城临淄以北，今山东广饶县境内，与乐安邑为同一地面），已无从查考。卒年更是说不清，据说孙武功成身退，隐居去了，连去哪儿了都说不清，有说回齐国的，有说终老吴国姑苏的（今江苏省苏州市所辖之吴县），反正人家是颐养天年去了，据说和孔子卒年相近。

孙武本不姓孙，往上倒的话，是姓田，再往上倒则姓陈，或者更准确地说，应该是妫（guī）姓、陈氏，是春秋时期陈国公子陈完的后代。

陈国是春秋时期的一个小国，领域包括今天河南的东部及安徽的北部，国都在陈（今河南淮阳一带）。周武王灭商以后，要追封前代圣王的后人，就找到了舜帝的后裔妫满，并把大女儿元姬嫁给他，封他为陈侯，让他奉守舜帝的宗祀。他的子孙后来也就以国名为姓氏，即姓陈。

公元前 707 年，陈国发生了内乱，陈桓公的弟弟篡位自立，属于得位不正，史称陈厉公。7 年以后，陈桓公的儿子又杀了这位得位不正的叔父而自立。孙武子的先祖陈完（生于公元前 705 年）就是陈厉公的长公子，家国之内的几起祸乱使他预感到大祸即将殃及自身，于是逃离陈国。

至于去向，陈完是早有打算的——他看中了齐国。齐桓公在争霸中体现的人格魅力吸引了陈完，连与齐桓公本有"一箭之仇"的管仲都被任用为相了，这让他看到了一线光明。而且，此时的齐国君臣同心，一幅励精图治的大好图景。于是，陈完毅然来到齐国。

陈完的出身、仪表和才能也让齐桓公很看重，打算聘他为客卿，也就是非齐裔的高级幕僚，但被陈完谦逊地谢绝了。最终，齐桓公让他担任了管理百工（全国所有的手工制造业）的"工正"（官名）。

由于陈完出色的工作和绝佳的人品，齐桓公便赐给他不少田庄。陈完一则为了隐姓避难，二则为了表示对齐桓公赐封田庄的感激，三则当时陈、田二字的读音差不多，故以田为姓，改陈完为田完。

田完后来娶齐大夫懿仲之女为妻，家世逐渐兴旺起来，富贵盈门，成为齐国的望族。田完死后，谥号敬仲。仲生孟夷，田孟夷生湣孟庄，田湣孟庄生文子须无。文子卒，生桓子无宇。田无宇承田氏家族尚武遗风，以勇武著称，力大无比，受到齐庄公的宠爱和器重，官至大夫，并被封采于齐国的莒邑。

将门出虎子，孙武就出生在这样一个与军事结下不解之缘的家族。遗憾的是，从田桓子无宇到孙武子的线索不是很清楚，说法不一。综合《史记》和《世本》看来，田无宇应该有三子：

开、乞、书。其中这位田书，就是孙武的祖父。因为他伐莒有功，齐景公特赐姓孙氏，食采于乐安。按《礼记·礼运》上说：先秦有制度规定"大夫有采，以处其子孙。"从此以后，孙书的儿子孙凭和孙子孙武也就都由田氏改为孙氏了。

但改姓不改祖，他们的大家族仍然为田氏所掌，兴衰荣辱总脱不了干系。公元前 522 年，田完的苗裔田穰苴（ráng jū）被齐相晏婴推荐为将军后，受到齐景公宠爱，在防御晋燕之兵和治军方面很有建树，被尊为大司马。大司马差不多相当于今天的三军总司令，掌管一国的军事。于是，田氏家族"日益尊于齐"。然而若干年后，鲍、高、国氏三族便联合起来一起对付田氏，在齐景公面前用谗言陷害大司马田穰苴。齐景公偏听偏信，黜退了田穰苴的司马之职，使其暴疾而死。这样田氏"尊于齐"的地位和利益受损相当大，而田氏族也由此痛恨鲍、高、国氏三族。同为田完之裔的孙武，大概是因为这次田、鲍、高、国四族之乱而奔吴。

这一去，就使他的军事才能得到充分发挥的机会。吴王阖闾（hé lǘ）任他为将，领兵打仗，战无不胜，并且还能以少胜多，为吴军破楚立下赫赫战功，因而声名鹊起，以至于"北威齐晋，南服越人，显名诸侯"。

孙武子《兵法》"十三篇"

孙武子奔吴，那应该是在壮年，原本也是隐居，后因友人伍子胥的力荐而出山。伍子胥之所以推荐他，吴王阖闾之所以看重他，就在于孙武的军事才能，他首次见吴王，奉献的就是

《兵法》十三篇。

而这《兵法》十三篇，也就是后来《孙子兵法》的雏形，即使不是写于齐国，也应该是孕育于齐国。孙武出生在齐国，也是在齐国长大，计算时间大概有三四十年之久。孔子说"三十而立"，立的未必是事业，立的是思想观念和为人处世的原则。也就是说，处于这个时段上的孙武，其军事思想基本成形了，而这必然与他所居住、生存的环境——齐国和田氏家族息息相关。

齐文化的特点是言兵。自打姜太公封齐后，"后世之言兵及周之阴权，皆宗太公为本谋。"（《史记·齐太公世家》）齐桓公任管仲为相，管仲也为齐国制定了"军政合一的体制"："三十家为邑，邑有司；十邑为卒，卒有卒帅；十卒为乡，乡有乡帅；三乡为县，县有县帅；十县为属，属有大夫。五属，故立五大夫。"（《国语·齐语》）进而形成了"九合诸侯，一匡天下"的政治局面。

孙武的家族田氏，前面说了那是将门，早有尚武遗风，田无宇、田穰苴那都是凭借勇武和军功，获得齐王赏识和器重的，尤其田穰苴，还做了齐国的大司马。

孙武出身于将卿之家，司马之族，必然深受齐国文化的影响和熏陶，也有条件通过其祖传家教和参阅齐国藏存的各种军事文献、聆听齐国大夫们论政谈兵的言论，也就培养了他这方面的志趣爱好，再加上天赋条件和渊博的知识储备，于是造就了孙武在军事兵略方面非同寻常的成就，尤其是《孙子兵法》这部经典的传世。

孙武著《孙子兵法》，除继承和发展了齐国尚武文化的传统外，可能最直接的还是借鉴族人司马穰苴的兵法之道。如《司马法》佚文中的"上谋不斗"；"兵者诡道，故能而示之不能"；"善守者藏于九地之下，善攻者动于九天之上"；"始如处女"；"围其三面，阙其一面"；"穷寇勿追，归众勿迫"；"新气胜旧气"；"火攻有五"（徐勇主编《先秦兵书佚文辑解》，2003）和"将在军，君命有所不受"等等，在《孙子兵法》中得到全面地继承和发展。尤其可贵的是，孙武将这些齐国的兵学文化上升到战略的高度，并把军事理论归纳和创新为"十三篇"，使之更加理论化和系统化。

战争到底为的是什么

《孙子兵法》之所以流传久远，影响巨大，甚至超出军事领域，那是因为它确实有高度，孙武子对于战争有一个高远深邃的整体认识。人家那十三篇兵法，讲的不仅仅是行军打仗的具体方法和措施，还有宏观战略的思考，是一整套系统的思想体系。孙子在其兵法中科学地概括和总结了多方面异常丰富的哲学道理，成就了《孙子兵法》，也确立了他个人在春秋末期思想界中与孔子、老子相并列的地位。

作为兵圣，他首先就高屋建瓴地明确了战争的目标或者说目的，也就是到底为什么而战的问题。只有先把这个问题解决了，才能对战争持个正确的态度。而孙子这个对待兵事的态度，既反映了中华文化的特点，也影响了其后的中国人，那就是要做到"知兵而不好战"。

《孙子兵法》开宗明义就指出："兵者，国之大事，死生之地，存亡之道，不可不察也。"他把战争与国家的存亡，人民的生死联系在一起，不仅指出了战争在国家事务中的重要地位，而且明确了战争的基本性质是确保国家的生存与发展，也就是说，"安国保民"才是战争最高的价值目标。

战争不是儿戏，动辄就要连带着无数鲜活生命的终结，而且不仅仅是一方，所谓杀敌一万自损三千，即使赢了也要承受巨大的开销和损失。所以，战争是一种风险极大、破坏性极强的特殊社会活动。

作为一个身处社会动荡、战争频仍时代的军事家，他亲眼目睹了战争给人民和国家社会带来的种种灾祸，他从心底里不希望打仗，但也不像不切实际的和平主义者那样认为可以取消战争，他选择了第三条路——慎重对待战争。

无疑，孙子是一位具有高度责任感和人文关怀的圣人。他把国家的安危、人民的存亡放在了高于一切的位置上，立足于此，他提出了一系列根本性的原则，即"利战""重战"和"慎战"。

"利战"就是立足于国家全局，从政治、经济、军事等各个方面进行分析，而且是分析敌我双方，权衡利弊，从而决定战还是不战，以及如何战。强调一切都要从现实的利害出发，反对任何非理性的因素，如情感、好恶甚至迷信等的干扰。因此，国君不能仅凭一时激愤就兴起战事，将帅也不能因为感情冲动就立马去厮杀，要尽可能地做到"合于利而动，不合于利而止"，这个"利"就是保民利主。孙子把它加以提炼概括，称之为"安国全军之道"。

"重战"从字面意思看，是重视战争，其实还包含着不惧怕战争的意思。要想战争来了不害怕，你就得提高警惕，不能疏忽大意，这也就是重战了。具体点儿说，那就是加强戒备、积极训练、积累经济实力，外加密切关注各诸侯国的动向和企图。"无恃其不来，恃吾有以待也；无恃其不攻，恃吾有所不可攻也"，换句话说，不能指望别人不来打你，一定要自己增强实力。人不犯我我不犯人，可一旦战争来了，得拿得出积极有效的应对措施，能够掌握战争的主动权，力争"自保而全胜"，甚至可以深入敌境，"拔人之城，毁人之国"。

具备了"拔人之城，毁人之国"的实力，也不轻言战争，这就是"慎战"。孙子说："夫战胜攻取而不修其功者凶。"穷兵黩武不是什么好事儿，不仅会造成财殚力竭的经济危机，还会造成生灵涂炭、民怨沸腾的政治危机。此外，还得提防着螳螂捕蝉黄雀在后呢——环境太复杂了，各国之间那真是犬牙交错，一着不慎就可能满盘皆输呀。

古人说："盖兵犹火也，不戢（jí，熄灭），将自焚"。孙子不但认识到了，而且认识地很深很透。他在确定了"安国保民"的总目标后，提出"利战"而不头脑发昏，"重战"而不"好战必亡"，"慎战"而不"忘战必危"。这是在具体谈论兵法之前，先明确一个态度，一个对待战争的态度，一个立足国家人民宏观、整体利益之上的对待战争的态度，具有大视野和大心胸。

不战而屈人之兵

正是因为战争乃国之大事，关系人之生死、国之存亡，所以轻易不要发动战争，不要动不动就想"真刀真枪地练练"。人家兵圣言兵，不讲究好胜斗勇动蛮力，人家讲究"先胜"，讲究"庙算"，讲究"不战而屈人之兵"。

战争绝对是劳民伤财的事儿，不管你是胜还是败。一旦伤了国家元气，这时如果要有第三方坐收渔人之利，前来攻袭，那就危险大大的了。所以，孙子主张以"未战先胜"的方法，屈服敌国，这样可以保全实力。《孙子兵法》"谋攻"篇所说的"不战而屈人之兵"，那应该是战争的最高境界。

至于在战场上每战必胜的"战胜"，作为兵圣的孙子倒是并不十分欣赏，人家看重的是"先胜"。《孙子兵法》"形"篇里说"胜兵先胜而后求战"，也就是这个意思。

要做到"先胜"，做到"不战而屈人之兵"，那可不是件简单的事儿。它所涉及的绝不仅是军事战争，还牵涉到经济战、外交战、军备战等等诸多方面。只要把这方方面面都做好，敌国先就从意志上屈服了，何待战争？这样一来，不但效果好，而且可以取得效益的最大化。想想看，和实力相当的敌国真刀真枪地干上一场，即便是赢了，必定也得付出相当的代价，终究比不上"全国""全军""全旅""全卒""全伍"（"全"作"保全"解）来得完美。从这里也可以看出来，孙子的战争观，确实含有悲天悯人的仁者胸襟，很能代表中华文化的精神，也富于人道和现代文明精神。

在孙子看来，战争是关乎国家人民整体利益的大事，战争的方式也应该是整体战，举凡政治、经济、外交、军备都要事先充分准备，这样才能获得未战先胜的效果。

首先，政治上要修明。政治修明的重要条目是"道"和

"法"。那什么是"道"呢？在《孙子兵法》"计"篇里，孙子自己的解释是："道者，令民与上同意也。"也就是老百姓的心意与国君的心意相同。如果能够做到上下同心同德，那么民"可以与之死，可以与之生，而不畏危"，也就是众志成城。军事行动有这样优越的政治基础为后盾，必然能够无往不克。那什么是"法"呢？还是在"计"篇里说："法者，曲制、官道、主用也。"这里不仅指军法军规，还包括兵役征发、军队动员、士卒训练、组织编制、通信联络、后勤保障等与军队相关的各个方面，是一套完善而又切实可行的军事体制。这是构成军队战斗力的重要因素。要达到让老百姓和君上"同意"，就必须做到"行军"篇所说的"令素行以教其民"，"令素信着，与众相得"，也就是制度缜密、赏罚分明、言而有信的意思。这是战争最重要的任务。

其次，注意开发经济，这是孙子最切要的主张。战争是劳民伤财的事，一开始就得考虑这个问题。《孙子兵法》"计"篇的第二计就是"天"，"天"包括"阴阳、寒暑、时制"。"寒暑"也就是冬夏不兴师，因为有碍农事；"时制"是说军事依农时而变异设施，比如《周礼·夏官》上载的春搜、夏苗、秋狝、冬狩等就是。在古代农业社会，还有什么比不误农时、无碍农事更重要的开发经济的途径呢？所以，绝不能因为打仗而破坏了农业生产，要知道"兵马未动粮草先行"。在现代的话，开发经济除了保证农业生产，恐怕还得加上振兴工商业，时代虽不同，可道理是相通的。

接下来，那就是外交，孙子对于外交战那是相当重视的。《孙子兵法》"谋攻"篇上说："上兵伐谋，其次伐交，其次伐兵，其下攻城。""伐谋"指战事之前先使用谋略战，而外交就是谋略战的一种。孙子认为，战争如果真到了武力相接的地步，那胜负双方一定是各有伤亡，还是要尽量避免走到这一步。如果能够不废一兵一卒，就使敌人屈服，那才是上策，孙子把这种情形称为"上兵"。而"上兵"除了"内圣外王"这条路之外，最主要也就是外交战了。实行外交战，有三个基本原则，也就是孙子在"九变"篇里所讲的"曲诸侯者以害，役诸侯者以业，趋诸侯者以利。"也就是使诸侯们因"利、害"而"避趋之"。说得容易做着难。在这里，你得先对敌我的"利害"关系有个透彻的了解吧，不单细密还得深邃，能说服人，就像"九变"篇说的那样"是故智者之患，并杂于利害。杂于利，而务可信也；杂于害，而患可解也"。

政治、经济、外交都考虑了，还是不能万事大吉，虽然你做的是"不战而屈人之兵"的打算，但军备还是要备的，这方面的规划和行动都要有，而且是必须的。"弱国无外交"，这话自古就有，军备充实可以起到武力威慑的作用，往往是外交胜败的关键。中国人讲究个"形势"，所谓形势逼人。你讲求军备，准备充分，即使不用，敌人也会知难而退；可要是你不讲求军备，只来虚的，那么很可能"形"移而"势"转，导致"不可胜""不败"的优势地位不保。情势一转，不但外交无从做起，国家的前途命运也就堪忧了。

总而言之，战争不是什么好事情，为保全国家人民"不战而屈人之兵"才是上上策，而要达到"不战而屈人之兵"的目的，那就得通盘考虑，全局着眼，政治、经济、外交和武力威慑手段等等综合运用，以迫使对方失去作战的条件和意志。

如果真能做到"不战而屈人之兵"，那将产生强烈的现实功用。第一，减少战争对人类生产力的破坏，有利于社会发展；第二，缩短战争进程，避免军队直接交锋，节省战争耗费，符合战场经济学原则；第三，可以避免因相互残杀而激起仇恨，有利于缓和敌对和反抗情绪，这样更易于巩固胜利成果。不费一刀一枪，目的达到了，而且很可能比战争的预后效果还好，还有比这更划算的吗？

兵不厌诈

"不战而屈人之兵"好是好，但很少有人能够这么去操作，要知道，圣人实属稀有，好王道的少，而好霸道的多。作为一个对军事斗争有着深刻理解的战略理论家，孙子当然了解"全胜"理论的局限性。

本来，按照战争效益大小排序，应该是"伐谋""伐交""伐兵""伐城"这么个顺序。"伐谋""伐交"这属于"先胜"，就是还没有发生实际战争，在庙算和外交上就先胜一筹；"伐兵""伐城"这属于"战胜"，是通过实战和流血牺牲决定胜负，在孙子看来"战胜"比"先胜"的层次那可就低多了，前者是下策，后者是上策。可是在上策不能达成的时候，迫不得已，你也得退而求其次。

战争是无情的，也是惨烈的，倏忽之间就决定生死存亡。因此，在一定程度上说，战场之上还讲"仁义"就显得过于迂腐了，宋襄公就是个例子（公元前 638 年，宋、楚两国为争夺中原霸权，在泓水边发生战争，宋襄公就是个以仁义著称的迂腐贵族，死抱着所谓君子"不乘人之危"的教条，拒绝接受正确意见，以致贻误战机，惨遭失败）。战场上奉行"动之以仁义，行之以礼让"，那是《周礼》上倡导的，可是现在，时代变了，礼崩乐坏了。真正知兵的孙子可不这么迂腐，面对社会巨变和战争的无可回避，他适时地提出"兵不厌诈"，明确指出"兵者，诡道也"。

"兵以诈立"，孙子在他的兵法十三篇之首的《计篇》中，一口气就道出"诡道十二法"，即："能而示之不能，用而示之不用，近而示之远，远而示之近，利而诱之，乱而取之，实而备之，强而避之，怒而挠之，卑而骄之，佚而劳之，亲而离之，攻其无备，出其不意，此兵家之胜，不可先传也"。

这里，孙子阐述了军事斗争的基本规律和特点。既然兵者诡道，那么就得采取灵活手段，见机行事，善于权变，将无权难以成功，兵无机难以称雄。在战场上两军相对，对敌人不能讲忠厚老实、妇人之仁，还是得使计耍诈，而且得神机妙算，敌人越是猜不透、摸不清才越好呢。只有这样，才能迎来战争的胜利，才符合国家的安全利益。

再说了，神机妙算地使用计谋，相对来说，可以缩短战争的过程，较之旷日持久的战争来说，国家人力财力的消耗自然降低很多。孙子之所以认为"伐城"是最下策，原因也就在这里。你想啊，一旦强攻敌城的话，得先花三个月制造修正攻城的器械吧，还得用三个月来构筑攻城用的土山，这样战争的时日必然也就延长了，金钱耗费那真得"跟流水似的"。而且，一旦将帅开始驱迫士卒像蚂蚁一样强力攻城，那士卒死伤也得三分之一，而城池还未必就攻得下来。这显然违背了孙子"低代价高目标"的战争效益观。

按照孙子的思想，我们不要轻易开战，最好是"不战而屈人之兵"，可万一战争不能避免，一旦被迫开战，那对不起，我可要"兵不厌诈"了。咱们不好战，但不能不知兵，"兵者，诡道也"。

知己知彼，百战不殆

想用计使诈、神机妙算，你得先摸清情况，而且是敌我双方的情况都得摸清。俩眼一抹黑，心里没有数儿，尽想着掐指一算就是妙招儿，那肯定没门儿，咱不是神仙。所以孙子提出"知己知彼，百战不殆"。

"知己知彼，百战不殆；不知彼而知己，一胜一负；不知彼不知己，每战必殆。"这是《孙子兵法》里那句完整版的原话，前面那八个字更是大家耳熟能详，时常提起的，甚至被认为是孙子思想的核心和精华，是战争制胜的前提，是军事谋略的基础。它反映了古今战争的基本规律，不仅是重要的作战原则，也是经得起历史考验的不朽真理。

战争涉及方方面面的复杂情况，而且这种情况经常处于流变无常之中，再加上敌人的伪装佯动，还需要识别假象，由表及里，捕捉事物的深层本质。一般说来，知己就已经很不容易，要知彼就是难上加难。所以，孙子特别强调料敌、知敌，他说"此兵之要，三军之所恃而动也"。"不知敌之情者，不仁之至也，非人之将也，非主之佐也，非胜之主也"。这样看来，此一问题显然被提到了一个相当的高度，它是战场上正确指挥的根本基础和来源。

"知己知彼"其实还是一个多层次多内涵的认识结构，而且贯穿战争指导的全过程。首先，在战前，这是支撑"庙算"的必要条件，通过掌握、分析双方的政治、经济、军事、外交和天时地利等各方面状况，比较衡量双方的优势和劣势，进而筹划对策，把握胜负结局。在《孙子兵法》"谋攻"篇中，孙子提出："知胜有五：知可以战与不可以战者胜，识众寡之用者胜，上下同欲（同心同德）者胜，以虞（有准备）待不虞者胜，将能而君不御（将帅有才能而君主不牵制）者胜"。这是从宏观上认识和把握战争脉搏的。

一旦战争开始，还得关注周围的各种情况，以便及时做出对己方有利的作战布局和军队配置。比如："先知迂直之计者胜"；"地形者，兵之助也"；"故不知诸侯之谋者，不能豫交；不知山林、险阻、沮泽之形者，不能行军"；不但要"知战之地"，还要"知战之日"。孙子说："明君贤将，所以动而胜人，成功出于众者，先知也。先知者，不可取于鬼神，不可象于事，不可验于度，必取于人——知敌之情者也。"战争是一项竞争激烈，甚至惨烈的特殊社会活动，只有掌握先人之机，才能取得主动，以期先发制人。

再具体到临阵料敌，更要注意细致观察，根据各种征候对敌情作出正确判断。用孙子的话说那叫"相敌"，给敌人相面。他一连举出"相敌三十二法"，比如"敌近而静者，恃其险也；远而挑战者，欲人之进也"；"众树动者，来也"；"鸟起者，伏也"；"辞卑而益备者，进也"；"辞强而进驱者，退也"；"无约而请和者，谋也"；"半进半退者，诱也"等等。看来，孙子是教我们要摸透对方的心理，识破对方的假象，透过表象看本质，以发现对手的真实意图，避免上当受骗。

　　为了做到"知彼"，探知敌情，孙子主张多手段并用。比如，挑动敌军，以了解敌人的活动规律；侦查一下情况，以了解哪里有利哪里不利；进行一下小战，先摸摸底、打探下虚实强弱；还有就是广开情报来源，使用各种间谍来获得第一手的敌情资料。孙子大概创立了世界上最古老的谍报学。敌人的一般情况，可以通过公开的事实进行了解，但那些隐匿于背后的敌人军力配备和分布，军事谋划的具体步骤及决策这些内幕等机密信息，恐怕还真得有赖间谍贡献力量呢。根据《孙子兵法》上的说法，间谍也不是一种，有五种呢，喜欢的可以去细看，这里就不一一说明了。

　　说起来，间谍不光是刺探军情获取秘密情报，还能够离间敌人君臣之间的关系，破坏他们的团结，让他们自己内部先掐起来，从而干扰军事判断和决策，敌人乱了营，我方也就得了益。当然了，间谍这活儿不是任谁都能干得的，起码你得聪明有头脑吧，还得不是一般的聪明，得是智慧超群，所谓"上智为间"。

　　总之，不管使用什么具体方法吧，无非是为了知己知彼，了解情况，摸清敌情，为了打有准备之仗，这样才有取胜的把握。

攻守兼用，避实就虚

　　进入到实体战争中，攻和守就是作战的两种基本形式。攻是为了消灭敌人，守是为了保存自己，"攻守同归乎胜"，二者都是体现战争目的的作战手段。

在战争中，攻与守在作战双方中，一般是交替变化的，而不是绝对的。防御的特征是什么？是等待进攻。纯粹的防守，同战争的概念是完全矛盾的，那相当于只有一方在进行战争，而这是根本不能成立的。所以说，进攻是防守的转机，防守是准备进攻的手段，二者那是相辅相成，随时可以转化的。

在中国历史上由弱守转为强攻的战例，那可多了去了。战国末年赵将李牧戍守北方边境，因为兵力不如胡骑，他明示弱暗蓄锐，竟然防守了十年，专心畜养战马，训练骑兵。虽然为此屡被国君诘责，甚至被免职，但就是"死不悔改"，终于坚持到条件成熟，"北逐单于，破东胡，开地千里"。西汉"七国之乱"，大将周亚夫坚壁昌邑，敌人三番五次地挑战，他就是不理你那套，而悄悄地派小股兵力切断敌人的粮道，等到敌人粮草不继，兵疲势弱了，周亚夫才大举进攻，一鼓作气平定叛乱。以上提到的这俩位将领，保不齐就是熟读《孙子兵法》的人，孙子的思想精神，他们吃得挺透。

孙子对攻与守这两种手段都不放弃，主张弱守强攻。他说："故用兵之法，十则围之，五则攻之，倍则战之，敌则能分之，少则能逃之，不若则能避之。"这也就是说，采取什么样的作战方式，要看双方的兵力。十倍于敌，那就围而歼之；五倍于敌，那就发起进攻；比敌人多一倍，那就努力战胜它；人数相当，那就想办法分散敌人；兵力明显少于敌人，那就只有固守；太弱了，那就先暂避一时吧。所谓"不可胜者，守也；可胜者，攻也。守则有余，攻则不足，故能自保而全胜也"。

　　说了归齐，弱守还是为了强攻，因为只有进攻才能达到战争胜利的目的，也只有进攻才能缩短战争的日程。在作战方针上，孙子也是很强调进攻速胜的，他说："兵之情主速""兵贵胜，不贵久""兵闻拙速，未睹巧之久也，夫兵久而国利者，未之有也"。因为战争久拖不决会使兵力疲惫，财政枯竭，没准儿还引起第三方的乘虚而入，所以，有宁肯笨拙的速胜，还没见过巧人儿愿意旷日持久地打仗的。

　　要进攻，但不能硬拼。要避实就虚。

　　避实就虚有好处，它可以避免"攻城"。攻城在孙子看来，是最下策，不但伤亡大，还有可能挫伤士气、耗费兵力。孙子主张"攻而必取者，攻其所不守也"，就是攻击敌人戒备松懈，该守没守的软肋。这样可以避实击虚，以众击寡，以至出奇制胜。唐太宗李世民，被毛主席称为中国最能打仗的皇帝（"自古能军无出李世民之右者，其次则朱元璋耳"），而李世民最佩服的则是孙子，他说："朕观兵书，无出孙武，孙武十三篇，无出虚实，夫用兵识虚实之势，则无不胜焉"。看来，唐太宗李世民是深深地悟得了兵法中"虚实"的奥妙。

　　孙子反对"以少合众""以弱击强"，认为善战者，"不责于人"，而是"求之于势"，这个势就是双方一接战，那种摧枯拉朽、势不可挡之势。

　　这个势怎么造呢？还是得靠避实就虚。首先抓住战略重点，"并敌一向"，集中使用兵力，避免四面出击。这样一来，虽然在全局上兵力或许不占优势，但只要做到"我专为一"，同时又设法调动和分散敌人兵力，使"敌分为十"，就可能形成局部甚至某一点上的"以十攻其一"的优势。

虚和实是《孙子兵法》中一对非常重要的范畴，它是对战争双方各种力量因素和力量状态进行比较的结果，既含有丰富的具体内容，又是一种总体把握，诸如兵力的强弱、众寡、分合，部队的劳逸、饥饱、治乱、懈备，士气的高低，军心的定散、勇怯，部署的密疏、坚乱，处境的安危、险易，后方的通阻等等，都是构成虚实的因素。同时虚实对双方又是相对的，它会随着战局的发展而不断变化。孙子说："兵形象水，水之形避高而趋下，兵之形避实而击虚。"又说："水因地而制行，兵因敌而制胜。故兵无成势，无恒形。能因敌变化而取胜者，谓之神。"打什么，没有固定刻板的方式，只要能制胜，尽可以出奇，尽可以根据敌情临机制变、灵活机动。

多么灵活神妙！这不禁又让我们想起"神龙见首不见尾"，想起《易经》，想起《老子》。作为龙的传人，中国人总是能将这套灵活应变的本事运用地挥洒自如，近乎艺术。

合文齐武

军队是由千万个活生生的人组成，要使军队打起仗来"携手若使一人"，充分发挥军队的战斗力，就牵涉到军队的管理问题，管理得好，那就团结一致、士气昂扬，管理得不好，那就一盘散沙、垂头丧气。俗话说，人上一百，形形色色，要管理成千上万，几十万几百万的军队，那可不是闹着玩儿的。

孙子说："将军之事，静以幽，正以治"，"合之以文，齐之以武，是谓必取"。也就是说，管理军队要沉着冷静，严正而有条理。对待士卒要恩威并施，要赏罚兼用。

　　管理军队在古代称为"治兵"。孙子认为，法是治兵的根本。他在兵法十三篇的《计篇》中，提出"五事"和"七法"，主要说的就是"法"，它的内涵包括军队的组织编制、训练教育、军纪军法和装备及军需供应等方面的各种条令。治兵只有"修道而保法"，确保法令制度的合理性和执行力，这对于打不打得赢也是至关重要的。

　　要想以法治兵，一得严，二得信，赏和罚也是用以贯彻法制的手段。士卒违犯了军规军纪，如不严格按章执行处罚，那就会使之成为骄惰之卒，进而丧失战斗力，此外，也会造成其他士卒的不满，进而轻慢军法，同样也是丧失战斗力。所以，只有执法严明，士卒才能敬畏将领，重视军纪，不敢怠慢，这样才能令行禁止，也就会大大提升战斗力。而要想令行禁止，就得从平时抓起，从小事抓起，所谓"令素行以教其民，则民服；令素不行以教其民，则民不服"。

　　贯彻法令，军法不是儿戏，孙子一出山就给人们做出了样子。"吴宫教阵"，指挥一拨儿后宫佳丽小练一下，别人都以为做游戏呢，哪知道孙武子竟动了杀伐，毫不留情面地诛杀了吴王的两名爱姬。这就是军法如山。孙子说了："厚而不能使，爱而不能令，乱而不能治"，为了保障军队的整体战斗力，不能无法无天，更不能有法不行、执法不严。

　　责罚是必要的，激励也不可或缺。就像宝剑要经过磨砺一样，军心士气也应该不断激扬。而激扬并不一定是口头的表扬和物质的奖赏，还有发乎内心的关爱。孙子说："视卒如婴儿，故可与之赴深溪；视卒如爱子，故可与之俱死。"将帅对士卒有一颗仁爱之心，那么，作战时，士卒才会报答将帅的知遇之恩，宁肯进死，不愿退生，虽赴汤蹈火，也会所向披靡。

如果说关爱士卒还属于小道，那么大道是什么呢？"令民与上同意"。孙子说："上下同欲者胜。"人类是具有群体意识的，利用这一特点，抓住君主、将帅、士卒、民众共同利益上的需要，比如国家危难、敌人残暴、亲人死别、家园破坏等等来调动军人的战斗情绪，使之在战场上迸发出无畏之火。人人气勇怒盈，个个争先向前，还害怕他们畏首畏尾、退缩不前吗？

孙子说："卒未亲附而罚之，则不服，不服则难用也；卒已亲附而罚不行，则不可用也。"在治兵方面，孙子是主张爱先威后、爱威结合并用的。以怀柔和激赏，使士卒亲附和顺从，从而不怀二心；以威严和刑罚，使士卒畏服，以建立将帅的威信。

孙子把这称之为"合之以文，齐之以武"，文武兼施，有效提高军队的战斗力。其实，这还是《易经》上讲的"一阴一阳之谓道"，中国人都"有两把刷子"，"会两手儿"。

战争是幽灵，孙子把战争的"不可捉摸"变成了"可以认识其规律"。古往今来，不知多少人对战争风云感到恐惧，经常是一筹莫展，认为它神秘莫测、不可预知。在西方，都到工业革命前后了，几乎还没有人认为战争可以被认识。18世纪法国一位元帅曾经这样说："战争是一种充满阴影的科学"，"它的基础就是惯例和偏见"，甚至声言"所有的科学都有原理，惟战争独无"。就连德国的铁血首相俾斯麦都说"在战争问题上，一个人永远无法有把握地预料上帝是怎样安排的"。虽然，这些言论把战争的偶然性和无规律性夸大了，但也足以反映出把握战争规律的难能可贵。

孙子的功绩就在于：他是提出战争计划问题的第一人，他真正认识和掌握了战争的规律，并系统地传之后人。孙子说："明君贤将，所以动而胜人，成功出于众者，先知也。先知者，不可取于鬼神，不可象于事，不可验于度，必取于人，知敌之情者也。"也就是说，要取得战争的胜利，一不靠祈求鬼神，二不靠推演附会，三不靠星象验度，而只能靠脚踏实地地去分析各种敌情条件（当然也包括自身条件）。这也明朗而又充分地体现了"人本位"，而非"神本位"的精神，这是古圣先贤的精神倡导，也为民族大众普遍认可和响应，或者说也是一种历史的必然选择。

第七章　孔子的第一个反对者墨子

　　墨子是墨家学派的创始人，而墨家是先秦和儒家对立的最大的一个学派，并称为"孔墨显学"。墨子大概是一个接近手工业劳动者的读书人，因而养成了注重节俭、劳身苦志和重视实践的作风。他有学问，最初受孔子影响，学儒者之业，受孔子之术；后因不满"礼"之烦琐，逐渐成了孔子和儒家的叛逆，创建了与儒家相对立的墨家学派。儒、墨两派互相驳辩，在先秦首先揭开了百家争鸣的序幕。他还有技术，善于制作，几乎谙熟当时各种兵器、机械和工程建筑的制造技术，并有不少创造，在止楚攻宋时进行的攻防演练中，竟使木匠祖师鲁班对"墨守"感佩不已、知难而退。墨子还是个以天下为己任、立志救民于水火的大好人，他以"为万民兴利除害"为使命，不辞辛劳，孜孜奋斗，游说诸侯，谋求制止战争，安定社会，安定民生，是战国时代流誉四方、最具影响力的大思想家之一。不但受到普通民众的欢迎，就连儒家的亚圣孟子，对墨子这种"士志于道"的精神也是十分赞扬的："墨子兼爱，摩顶放踵利天下，为之"（《孟子·尽心上》）。

出身其实不是问题

墨子的生卒年代和"国籍"被认为是一疑案，连一代史家司马迁都没说清楚，其实这也是乱源。司马迁的《史记》是纪传体的，有三十世家、七十列传，在这些人物传记里面，司马迁把从传说中的黄帝，一直到自己身处的汉武帝时代，一共三千多年间，他认为杰出的、重要的人物，都一一给予列传。不但有孔子、老子、孟子、庄子、荀子、韩非子等这些思想家，甚至还包括一些在传统观念里不被看重的人物，如商人、侠客等，司马迁都给他们作了传。偏偏对于墨子，司马迁没有给他单独作传，除了在最后一篇《太史公自叙》里面写到他父亲的《论六家要旨》这篇文章提到墨家以外，那就只剩下《孟子荀卿列传》末尾附缀的那 24 个字：

"盖墨翟，宋之大夫，善守御，为节用。或曰并孔子时，或曰在其后。"

这就算是关于墨子的一个交代了，连生卒年代都不清楚，事迹几不可考。这让我们明显地觉得，在汉朝，对于其前代文化传统作继承的时候，对墨子已经很冷淡了。由于司马迁没有对墨子作简单、起码的考证，所以给后人留下了一大堆问题。尤其"墨"这个姓本来就极冷僻，而墨子的名声又大，这就更引起人们的兴趣。

　　有人推测，大概墨子犯过法，受过刑，做过刑徒或者苦役。为什么呢？因为"墨"是一种刑罚。古代的刑法没有今天这么复杂，大概齐也就分五种：第一个，墨刑，就是在犯人脸上刺字，像《水浒》里的宋江似的；第二个，劓（yì），就是割鼻子；第三个，剕（fèi），剁掉小腿；第四个，宫刑，割掉生殖器；第五个，大辟，也就是砍头。墨子可能是受过墨刑，换句话说墨翟的意思也就是刑徒翟，或者说犯人翟，因为他脸上有墨字。

　　但是，这种说法没有得到大家广泛的认可。于是又有人说了，得得得，别闹了，墨就是黑的意思，折腾什么呢？因为《墨子》里边记载墨子皮肤很黑，墨子就是黑子。

　　此外，还有更有意思的说法，就是考虑到墨子跟鲁班一样，是个木匠，既然如此，那就得放线，木匠要放线那就离不了绳墨，离不了墨斗，加上本人又长得黑，所以，就得了这么个诨号。

　　虽然，这些说法好像很吸引人，但是这些都不是可靠的结论。

　　真正可靠的说法：墨就是一个姓，如此而已，啥也不是，跟别的没有关系。这可能有点儿让大家失望，但是有让大家不失望的。那就是墨子的这个姓从哪儿来？墨这个姓始祖是谁？墨这个姓历史上留下哪些故事？这里面大有学问。

　　墨这个姓很冷僻，也很古老。它来自于商朝的孤竹君。那孤竹君的封地在哪里呢？就在今天的秦皇岛，靠近北戴河那边。最早他叫墨骀（tái）氏，后来改称为墨。

　　那么，墨子的籍贯或者说墨子的出生地又是在哪里呢？就是今天山东滕州的木石镇，为什么我们有把握说墨子是今天山东滕州人呢？因为我们根据史料可以推定，墨子是公子目夷之后，那目夷又是谁？公子目夷（子鱼），宋襄公之庶兄，也就是《左传·僖公二十二年》所记载的著名的子鱼论战故事（宋、楚泓水之战）的主人公。

这个目夷，就是墨子的先祖。目夷是微子的第十七代孙，而微子又是殷商帝乙之子，商纣王的庶兄，诸侯国宋的第一代封君，所以说，墨子是殷商的后裔。前面我们说过孔子也是殷商的后裔，也就是说，墨子跟孔子是同一个祖先，都是微子传下来的支系。从目夷往下面算，到了大概第七代，就是墨子（约公元前468年——公元前376年）了。

目夷就封在目夷这块地方，目夷的后人就在这块土地上繁衍生息，而目夷在并入周以后，就有了一个新名字，非常著名，这就是小邾娄（zhū lóu）国，也就是今天的山东省滕州市的木石镇。大家千万不要以为春秋战国时候的国家有多大，不少也就相当于一个大镇店。我们之所以说这个木石镇就是目夷，就是小邾娄国，是因为在那里出土了一把青铜戈，上面有三个字——目夷戈，如今这件青铜器就像国宝一样保存在博物馆里。另外，这一带还出土了很多精美无比、特色鲜明的小邾娄国的青铜器。

山东滕州是一个什么地方？你也许感到陌生，但若提起铁道游击队、提起微山湖，你也就熟悉了，就在那附近；滕州属于县级市，属地级市枣庄管辖，滕州和徐州接壤，是山东和江苏交界的地方。滕州在历史上可是一个了不起的地方，许多重要事件发生在这里。这里是墨子的故乡，是鲁班的故乡，也是最早造车子的奚仲的故乡，滕文公问政于孟子也在这里。

正是小邾娄国文化，也就是泗水河畔的邹鲁文化，孕育了墨子。邹鲁文化有两个特点值得我们高度重视：第一，邹鲁文化特别地爱好和平、反对战争，推崇文明；第二，那就是科学技术水平极高。在春秋战国时代，中国的自然科学和科技水平最高的地方就在邹鲁，小邾娄国所在的山东滕州这一片儿，可以说是独步天下，最早的筷子和最早的鞋子都是这一带发明的。所以，有学者说过这样的话"邹鲁地区，其俗喜学术、好技艺，颇似希腊之雅典"。所以墨子、鲁班、奚仲，这些人有个最大的特点——有学问，却不鄙视技术。

当然，这应该与墨子的出身也有关系。按照我们前面的说法，墨子跟孔子一样应该是个没落的贵族，可不一样的是，墨子的没落程度很可能比孔子还惨。

孔子这个家族没落到最后，没落到孔子的父亲这一代，甚至到孔子本人这里，至少还是个"士"。虽说士算不上什么统治阶级，但勉强还属于贵族，起码不是被统治阶级。而墨子就不一样了，墨子已经是一个手工业者了，在《墨子》这本书里，有个叫穆贺的人，曾经当着墨子的面说他是"贱人"，墨子并没有否定。而且墨子自己自我介绍，也说"我是北方的鄙人"。从这里都可以看出来，他已经是地地道道的下层人了。而了解这一点，对于了解他的思想，是非常重要的。

其实，生逢乱世，出身已经不是问题。卑微的出身已经限制不了胸怀大志的豪杰才俊，故乡也限制不住游走天下的脚步。以"兴天下之利，除天下之害"为己任的墨子"席不暖、衣不黔"，东到齐，西到郑、卫，南到楚、越，周游列国，游说诸侯、传布学说，成为孔子之后，一位在当时声名堪比孔子的人。

尚利贵义

儒墨对立，一个基本点就是对义利关系看法的分歧。儒者是喻义不喻利，墨子则明确提出尚利思想，认为利就是义，贵义就是兴天下之利。

在《论语》中，有孔子"罕言利"的评价，也有孔子提出"君子喻于义，小人喻于利"的记载。后人缘于这两段文字，得出对孔子义利观的认识和评价，就是"重义轻利"。孟子的义利观则是"去利怀义"，孟子认为，"怀利"与"怀义"是两种根本对立的价值方针。如果以利己作为决定自己行为和处理人伦关系的方针，那就必然会废弃仁义，其结果将致于亡国。反之，如果"去利怀义"，以仁义为行为方针，那就会使君臣父子兄弟以仁义相处，即可保社稷而王天下。

显然，孔子、孟子在义利观中所提到的"利"，是指个人私利、私欲。其实，孔子并不去"利"非"利"，只是反对过分的个人私利和私欲，以至给人重义轻利的倾向，甚至有将义、利对立之嫌。

墨子批判地继承了孔子的思想，他同样贵"义"，也是"义以为上"。《墨子·贵义》里说得很明确："子墨子言曰：'万事莫贵于义。'今谓人曰：'予子冠履，而断子之手足，子为之乎？'必不为。何故？则冠履不若手足之贵也。又曰：'予子天下，而杀子之身，子为之乎'必不为。何故？则天下不若身之贵也。争一言以相杀，是贵义于其身也。故曰：'万事莫贵于义也。'"人都把自己的生命看得很重要，然而为了"义"，人可以舍弃自己的生命，可见墨子对"义"的看重。

《天志下》也提到："天欲义而恶其不义者也"，"天下有义则治，无义则乱。"此外，墨子还提到对"义"的践行和成圣成贤的方法，提出："必去六辟。默则思，言则诲，动则事，使三者代御，必为圣人。必去喜，去怒，去乐，去悲，去爱，而用仁义。手足口鼻耳，从事于义，必为圣人"。（《墨子·贵义》）把"从事于义"作为人成圣成贤的途径方法，由此可以看出，墨子是提倡人从事"义"的，这一点与儒家特别是孔子是极其相近的。

墨子重义，但却决不轻"利"，他不但不轻"利"，不把"义"与"利"对立起来，反而把"义"直接等同为"利"。墨子认为"义"本身就具有功利性，他提出："义，利也"，也即是"义"与"利"是统一的。清代孙诒让在《墨子闲诂》中解释这句话说："易曰：义者利之和。"在《公孟》中墨子还说："夫义，天下之大器也。"大器就是大工具，是工具就必有其用，有其用就有其"利"。"义"说到底，就是给天下带来利益的工具。为了具体说明"义"的功利性，墨子强调："所谓良宝者，可以利民也。而义可以利人，故曰：'义为天下之良宝也'。""天下有义则生，无义则死；有义则富，无义则贫；有义则治，无义则乱。"也就是说"义"能保障"利"、带来"利"、实现"利"。《墨子·经说上》中说："义，志以天下为芬，而能能利之，不必用。"也就是说，"义"即志在使天下美好，而能善利天下，却又不居功自用。

精研《易经》的孔子说："利者义之和"，已经精到极了。墨子把利的道理更是发挥尽致，《墨子·经说上》篇直说："义，利也"，也即利就是义，除了利别无义。王桐龄先生在其《儒墨之异同》中说："儒家言义，墨家言利；儒家常以仁义并称，墨家常以爱利并称。"

墨子重利，把义等同为利，但他所说的利都是公利而非私利，是国家百姓人民之利，而非个人一己私利。

墨子提出"言必立仪"，称"言必有三表"，也就是说衡量人的言论是非有三个标准，而其中第三表也是最根本的就是"发以为刑政，观其中国家百姓人民之利"（《墨子·非命》）把"百姓人民之利"作为衡量言论行为是非的最高标准。墨子还说："仁人之所以为事者，必兴天下之利，除天下之害，以此为事者也。"（《墨子·兼爱中》）也就是说仁人应当以"兴天下之利"为自己毕生的事业。

《天志下》中系统地表述了墨子的价值标准："若事上利天，中利鬼，下利人，三利而无所不利，是谓天德。故凡从事此者，圣知也、仁义也、忠义也、孝慈也，是故聚敛天下至善名而加之……若事上不利天，中不利鬼，下不利人，三不利而无所利，是谓之贼。故凡人从事此者，寇乱也、盗贼也，不仁不义、不忠不惠、不孝不慈，是故聚敛天下之恶名而加之。"这些主张，归根到底都是力图实现尚利的价值标准。而利天、利鬼，只是借天志、鬼神来论证这个标准的神圣性而已；这里的利人不是利个人而是利万民。

墨子强调义和利的统一，并以万民之利，公利为取向，这是他的重要贡献。方授楚曾经有言："墨子贱人，亦即小人，故不讳言利。且以利与义调和之，融合之，此墨子与儒家之异也。但墨子之利，非自私自利而为天下之公利，或彼此之互利；故

常曰'下欲中（zhōng）国家百姓之利'。盖墨子所倡导之至德
要道曰兼爱，爱而不利，则流为空言，故常以爱与利并言。"

交相利与兼相爱

不错，在墨子这里是"爱与利并言"的，而且还很独特，
叫作"兼相爱"与"交相利"。

"兼爱"和"利"是墨子思想两个最基本和最独特的概念，
墨子将"兼爱"和"利"联系起来，形成了他独特的兼爱交利
观，并成为他立说的核心和济世的方法。"兼相爱"是爱人与爱
己的统一体，"交相利"是利人与利己的统一体。爱与利是相互
通约的，"兼相爱"是"交相利"的前提，"交相利"是"兼相
爱"的保证。

"兼相爱"是无差别的爱，它的本质是要求人们爱人如爱
己，即爱所有的人、与一切人都相爱，既有爱人的义务，也有
被爱的权利，是一种平等的、普遍的爱。

这显然不同于儒家的"仁爱"。儒家所讲的"仁爱"恰恰是
一种有差等的爱。孔子以人的自然亲情和血缘关系为基础，认
为"孝悌乃仁之本"，主张从爱自己的亲人出发，由内而外、由
近及远地爱他人，爱社会。孔子认为这种亲亲之爱是建立良好
社会秩序的根本之所在。儒家这种基于血缘亲情关系的仁爱，
突出了与被爱之人是有亲疏、厚薄、远近之别的，尊重了人的
生理属性和自然差异。

如果说"仁爱"之爱是发自内心，那么"兼爱"之爱就是
出于理性。人家墨子即是从不相爱的角度引出"兼爱"概念的，

这应该与当时更为动荡的社会大背景有关。墨子认为当时社会的"大害""巨害"是国与国之间的战争、人与人之间的争夺，造成这种混乱现象的根本原因就是由于人们的不相爱：国与国不相爱、家与家不相爱、君与臣不相爱……

墨子注意到：儒家那看似有理的"亲亲"的伦理观一旦放之于社会，就免不了一种狭隘，不可避免地要引起人与人、家与家、乡与乡和国与国之间的不相爱。在他看来，儒家的道德标准说到底，都是对一种不公道的等级制度服务的落后观念。它应该被一种新的、更公正无私的集体主义的信念取代，这就是"兼爱"。既然要兼爱，那么首先就得打破"亲"与"疏"之间的差别，即要强调二者之间的"同"而不是"异"。"兼爱"恰恰体现了整体性与平等性，是一种整体的爱和平等的爱，是一种无差等之爱。而且，墨子的这种无差等之爱超越了时间和地域的限制，是普遍的平等之爱。

为了增强"兼爱"在社会现实生活中的合理性，墨子还提出了"投我以桃，报之以李"的因果律原则。他认为人性是可以感应的，以什么样的态度对待他人，他人就会以什么样的态度对待自己。因此，本着爱的原则去对待他人，他人也一定会本着爱的原则来回报自己，人与人之间的"不相爱"会因人性的感应而转化为"相爱"。于是，墨子主张要用平等的兼爱来代替有差别的爱，即"兼以易别"。

"兼"，实质就是利人，是在于调和个人与他人及社会的关系，以他人利益与社会利益至上，但也并不否认个人合理的利己要求。这种突破了血缘亲疏远近和贵贱等级之分的兼爱，不但凸现了人的平等性地位，还有追求和平的意味。或者说"兼爱"最根本的目的就是为了"非攻",为了追求和平,为了"兴天下之利,除天下之害"。

不错,爱之就要利之,爱而不利,则流为空言。

墨子不仅明确肯定人的物欲的合理性,还把满足万民之物欲作为治国安邦的出发点:他利即是众利,实乃爱人之利也。墨子的"交相利"和"兼相爱"一样,承担着治理社会的责任,其次才是他人之利和自我之利。

墨子认为"自利"是乱的祸根,对"自利"持批判的态度,或者说,在个人之利和他人之利的相较中,墨子更重视他人之利。但同时要指出的是,墨子并不是一味地否定个人之利,而是肯定个人之利的正当性,只不过这个"个人之利"在墨子看来应该是"赖其力而生"的,用以自足的基本需要,而不是亏天下之利和他人之利而换得的一己私利。

兼相爱与交相利,可以说是墨子济世的核心思想。兼相爱是爱人与爱己的统一体,交相利是利人与利己的统一体。爱与利是相互通约的,兼相爱是交相利的前提,交相利是兼相爱的保证。更进一步说,兼相爱是墨子所要达到的目的,交相利只不过是达到这个目的的手段。

因此,墨子主张国与国之间,人与人之间,都应当"兼相爱,交相利"。墨子从其兼爱思想出发,主张非攻,反对战争。他断定,爱人运行时,人亦从而爱之;利人运行时,人亦从而利之。反之亦然。既然如此,国与国、家与家、人与人之间,只要相互兼爱,不要发动战争相互攻伐,这样不以兵刃毒药水火相攻伐,就可以共同取利。

不过,墨子的这种思想观点似乎并不被看好。先有庄子发出这样的感慨："恐其不可以为圣人之道，反天下之心。天下不堪。墨子虽独能任，奈天下何！离于天下，其去王也远矣！"（《庄子·天下》）后有李斯更为严苛的批评："诗经皆物语，相似之物，此愚者之所大惑，而圣人之所加虑也。故墨子见歧道而哭之。"（《吕氏春秋·疑似》）那意思，大概就是说：墨子非生而知之，其思想来自孔子《诗经》《十翼》的读后感。可墨子读懂了孔子吗？没有。就连倡导墨学的梁启超也对此表达了不赞同的态度，他说："（墨子之）兼爱主义……其陈义不可谓不高，然此足以驾儒家之上耶？吾恐不能。"（《先秦政治思想史》）

天志和明鬼

　　孔子对鬼神的态度，那是"敬而远之"，"未知生焉知死"；对命运的态度，那是"尽人事，听天命"。可墨子呢，恰恰相反，他搬出了"天志"和"明鬼"。

　　墨子主张"兼爱"，那么头一个问题就是：如何说服人们兼爱呢？你可以把上面所说的告诉人们，说实行兼爱是利天下的唯一道路，能行兼爱就是仁人。可是人们又要问了：我个人行动为什么要利天下？我为什么必须成为仁人？你可以进一步解释：如果对全天下有利，也就是对天下的每个人都有利。更明白地说，爱别人就是一种个人保险或投资，它是会得到偿还的。可大部分人都很近视，看不出这种长期投资的价值，甚至还有一些实例，说明这样的投资根本得不到偿还。

　　那怎么办？

　　为了诱导人们实行兼爱，光讲道理好像不大灵，所以墨子又引进了许多宗教的、政治的制裁。《墨子》有几篇就专门讲"天志"和"明鬼"。他说：天帝是存在的，天帝爱人，天帝的意志就是一切人要彼此相爱。天帝还经常监察人的行动，特别是统治者的行动。天帝会惩罚那些违反天意的人，也会奖赏那些顺从天意的人。除了天帝，还有许多小一些的鬼神，他们也同天帝一样，奖赏那些实行兼爱的人，惩罚那些交相"别"的人。

可是，总是有事实证明，这种奖惩也不都应验。墨子就遇上过这样的尴尬。有一次子墨子有疾，跌鼻进而问曰：先生以鬼神为明，能为祸福，为善者赏之，为不善者罚之。今先生圣人也，何故有疾？意者先生之言有不善乎？鬼神不明知乎？子墨子曰：虽使我有病，鬼神何遽（jù）不明？人之所得于病者多方：有得之寒暑，有得之劳苦。百门而闭一门焉，则盗何遽无从入？（《墨子·公孟》）还得说墨子逻辑学了得，才算应付了过去，墨子那意思是说，鬼神的惩罚是一个人有病的充足原因，而不是必要原因。

墨子不是主张"节用""节葬"吗，怎么还相信鬼神？

其实这里没有实际的矛盾。因为墨子证明鬼神存在，本来是为了给他的兼爱学说设立宗教的制裁，并不是对于超自然的实体有任何真正的兴趣。所以，他把天下大乱归咎于"疑惑鬼神之有与无之别，不明乎鬼神之能赏贤而罚暴也"，也就像咱们今天说，没有信仰容易做坏事儿那意思。《墨子·明鬼下》有这么一句："今若使天下之人偕若信鬼神之能赏贤而罚暴也，则夫天下岂乱哉？"

这么看来，他的"天志""明鬼"之说都不过是诱导人们相信：实行兼爱则受赏，不实行兼爱则受罚。在人心之中有这样的一种信仰应该是有用的，因此墨子需要他们。

不论墨家、儒家，在对待鬼神的存在和祭祀鬼神的态度上，都只是表面上的矛盾，而不是真正的矛盾。墨家相信鬼神存在，同时反对丧葬和祭祀的缛礼；儒家强调丧礼和祭礼，可是并不相信鬼神存在。照儒家的说法，行祭礼的原因已不再是因为相信鬼神的真正存在（当然相信鬼神存在，无疑是祭礼的最初原因），而只是出于子孙孝敬祖先的那份发自内心的真感情。所以，冯友兰先生说，礼的意义是诗意的，而不是宗教的。

宗教和诗，都是人的幻想的表现，是要把想象和现实融合起来。诗是把它当作假的来说，但宗教是把它当作真的来说。墨家信鬼神的目的就在于，用信仰来更好地约束人的行为，使他们不要为非作歹、好战征伐。

尚同与极权

要人们实行兼爱，除了天志与明鬼这样类似宗教的制裁外，还需要政治的制裁，而尚同正是"为政之本"。

尚同的意思是，上天"选择天下赞阅贤良圣智辩慧之人，立以为天子"，立以为三公、万国诸侯，以至左右将军、大夫和乡里之长，社会成员则自下而上地尚同于天子之"义"。而天子的行为是否合于天下之义，就要看他是否尚同于天。如果未尚同于天，那么天灾就会不断。"故当若夫寒热不节，雪霜雨露不时，五谷不熟，六畜不遂，疾灾戾疫，飘风苦雨，荐臻而至者，此天之降罚也，将以罚下之人之不尚同于天者也。"（《尚同》）

　　这又与儒家不合。孔子不是说了吗："君子和而不同，小人同而不和"，儒家赞赏的是"和"，而不是"同"。而墨子则认为儒家强调了"别"而忽略了"兼"，注意到了对矛盾的调"和"，而忘记了对利益分配要求上的"同"。

　　这大概与墨家的组织有关。

　　墨子不仅是一位杰出的思想家，同时也是一位实践家，所以他的学派组织很特别，有点儿像敢死队，而他本人就是这个敢死队的队长，这在中国历史上是绝无仅有的。《淮南子》上说："墨子服役者百八十人，皆可使赴火蹈刃，死不旋踵。"

　　既然是敢死队，就得有纪律，而且是相当严格的纪律；不但有纪律，还得有权威，也就是老大，墨家这个团体组织里的权威就叫巨子，墨子实际上就是墨家的第一位巨子。有纪律就得遵守，有老大就得服从，而且是绝对地遵守、绝对地服从。

　　这样的话，团体内必须能者为尊、贤者为大，将此规则扩大，也就有了墨家思想的"尚贤"；团体的成员之间必须互敬互爱、不分亲疏，将此规则扩大，遂有墨家思想之"兼爱"；团体内还必须政令畅通、纪律严明、上下一心，将此规则扩大，故有墨家思想之"尚同"。

　　《墨子》有《尚同》三篇，阐述"尚同"在国家社会生活中的必要性。照墨子的说法，国君的权威有两个来源：人民的意志和天帝的意志。他更进一步说，国君的主要任务是监察人民的行动，奖赏那些实行兼爱的人、惩罚那些不实行兼爱的人。但要想真正做到这一点，他的权威必须是绝对的。

　　在建立有组织的国家之前，人们生活在"自然状态"之中。在这个时候"盖其语，曰天下之人异义。是以一人则一义，二人则二义，十人则十义，其人兹众，其所谓义者亦兹众。是以人是其义，以非人之义，故交相非也。"由于个人各持其所义而非他人之义，长此下去人民就会有离散心，最终导致天下乱。"天下之乱，若禽兽然。夫明乎天下之所以乱者，生于无政长。是故选天下之贤可者，立以为天子。"（《墨子·尚同上》）如此说来，国君最初是由人民意志设立的，是为了把他们从无政府状态中拯救出来。

在另一篇中，墨子又说："古者上帝鬼神之建设国都、立正长也，非高其爵、厚其禄、富贵佚而错之也，将以为万民兴利、除害、富贫、众寡、安危、治乱也。"（《墨子·尚同中》）照这个说法，国家和国君又都是通过天帝的意志设立的了。

不论国君是怎样获得权力的，一旦他成为既定的国君，那么天下人都要跟他步调一致。也就是墨子所说的："上同而不下比"，即永远同意上边的，切莫依照下边的。因为这个"君"掌握着天下统一之"义"，故百姓都需"上同"于他。《墨子·尚同上》说：天子要"发政于天下之百姓，言曰：闻善而不善，皆以告其上；上之所是，必皆是之；上之所非，必皆非之。"

这不但与孔子提倡的"和而不同"思想不合，更是与孟子"民为贵，社稷次之，君为轻"的思想相左。到墨子这里几乎就是"君为贵，社稷次之，民为轻"。当然，这里的君义必须合乎天志。但是，尽管如此，也不可避免地为独裁和暴政留下了可能。

按照墨子论证，国家必须是极权主义的，国君的权威必须是绝对的。因为国家的设立，是有明确目的的，那就是结束混乱。而混乱的存在，正是由于"天下之人异义"。因此，国家的根本职能就是"一同国之义",也即是一国之内,只能有一义存在,这一义必须是国家自身确定的一义,别的义都是不能容忍的。如果存在别的义,那除了天下大乱之外,终将一无所有。义,墨子认为就是"交相兼",不义就是"交相别",这也是唯一的是非标准。

墨子的这种政治学说,无疑反映了他那个时代的混乱政治局面,许多人向往一个中央集权的政权,哪怕是一个专制独裁的也好。

可贵的科学精神

我们说墨子是个思想家,也是个实践家,不仅从事社会实践,还从事科学实践,他几乎是个全能型的人才。

前面说过,是小邾娄国的文化,或者说邹鲁文化哺育了如墨子、鲁班、奚仲等这些工艺、工程大师。邹鲁文化的一个特点,那就是不鄙视、甚至是重视科学技术。中国古代的士大夫一般是看不起工匠的——我是士大夫,我是读书人,我怎么能干工匠干的事呢?

但是,邹鲁文化熏陶下的士大夫就不这样。墨子、鲁班本身就都是士大夫,他们自己却都能动手做东西,能动手造云梯,能动手造车子,动手造连珠箭,动手造飞石,动手造撞车。在止楚攻宋时,墨子与公输般进行的攻防演练中,已充分体现了二人在这方面的才能和造诣。所以,他们还真不是纸上谈兵,人家确实能攻能守,并且是亲自动手、身体力行。

墨子简直就是个发明家、科学家。他曾花费3年的时间,精心研制出一种能够飞行的木鸟；他可以在不到一日的时间内造出载重 30 石的车子，不但运行迅速、省力，而且经久耐用。然而，他的科技素养又不止于机械这一方面。"小孔成像"的故事大家一定听说过吧，那说的就是墨子。墨子对光学很有研究，什么光的直线传播、光的反射、物影成像，这些他都进行过实验。有一次，墨子进行光学试验，他在堂屋朝阳的墙上开了一个小孔，让一个人对着小孔站在屋外，在阳光照射下，屋内相对的墙上出现倒立的人影。墨子通过小孔成像的光学实验，阐述了光的直线传播原理：即光从上下直射，人的头部与足部成影在下边和上边，构成倒影，这就是摄影技术的原理。

墨子还对声音的传播进行过研究，发现井和罂（yīng，古代大腹小口的酒器）有放大声音的作用，这个发现后来还真派上了大用场。在守城时，为了预防敌人挖地道攻城，墨子教导学生每隔三十尺挖一个井，置大罂于井中，罂口绷上薄牛皮，让听力好的人伏在罂上进行侦听，就知道敌方是不是在挖地道，挖的话挖在哪了，这样就可以充分准备打击敌人。

据统计，墨家著作《墨经》中，除了逻辑学、政治学、伦理学等外，这类牵涉自然科学的内容，那是相当多的，其中物理学的内容超过了二十项。《经上》《经下》《经说上》《经说下》及《大确》《小确》六篇，专说名辩和时间、空间、物质结构、力学、光学、声学、代数、几何等内容。这在当时世界范围内都是罕见而杰出的，其中贯穿着极可宝贵的科学精神，而这种科学精神，又是中国传统文化的主流派别所相对缺乏的，所以称得上是难能可贵。

手工业者出身的墨子，有着"巧传则求其故"的探究意识，也就是从经验上升为科学的理论意识。"巧传"也就是世代相传的手工业技术;"求"就是去研究、去探索、去揭示;"故"就是本质、原理,或者说规律。比如《墨经》总结桔槔(gāo)所利用的杠杆原理时说:"横木加重焉而不翘,极胜重也。右校交绳,无加焉而翘,极不胜重也。"指出桔槔负重后,另一端不翘起来的原因,是由于另一端的力量超过负重端的力量。

春秋战国期间,人们从劳动实践中已然发现,用桔槔机提水浇田可大为提高劳动效率。可是,当时大家对此类工艺技巧的态度就是不一样。信奉道家思想的人,宁肯用"用力甚多而见功寡"的老法子——"凿隧而入井,抱瓮而出灌",也不要"用力甚寡而见功多"的桔槔机。理由就是:"有机械者,必有机事。有机事者,必有机心。"他们瞧不上"奇技淫巧",故"羞而不为"。

所以,有人说,要是老早就发扬墨家的科学精神,中国应该很早就走向近代科学了。

墨子和墨家确实重视这些"奇技淫巧",而且重视知识,崇尚理性。墨子提出了一些有深刻理性论意义的认识方法和原则,如"知类""察类""明故""辩故""以往知来,以见知隐"等等。《墨经》还道出了理性认识的本质特点。《经上》曰:"知,明也。"《经说上》曰:"知也者,以其知论物,而其知之也著,若明。"意思是理性认识相对于感性认识而言,有着更加深刻而明确的特征,是运用认识能力,对事物进行整理、分析、理论化而形成的。《墨经》在理性论的基础上,构建了感性与理性、经验和理论并重的认识论,表现了对理论、理性与知识的推崇。

墨家是诸子百家中最富科学精神的学派,《墨经》集中了墨家学说的精华，其论述包括物理知识在内的许多学科，不仅在当时的中国科学史上有着非常重要的地位，在世界范围也产生了深远的影响。英国科学与哲学双博士李约瑟这样评论《墨经》："亚洲的自然科学之主要基本概念……其所描述之要旨正为科学方法之全部理论。"还有人说：《墨经》"巧传则求其故"的理论意识和理性论原则，与古希腊自然哲学家的科学精神，具有一致性、共同性，值得继承和弘扬，尤其是在科技飞速发展进步的时代里。

不可否认，墨子被冷落了两千多年，墨学也沉睡了两千多年，这应该不是偶然的。这两千年，正好是中国帝王集权专制的两千年。从晚清以来，墨学受到的关注程度，超过了秦以后两千年的总和。虽然表面上看来，这种关注源自于《墨经》丰富的科学性与逻辑知识（胡适先生就认为：墨学也许是中国传统文化中与西方近代文化最接近的一支，其逻辑学与科学观念，在古代中国，没有任何其他流派能与之相提并论），但平民意识的觉醒也应该是一个重要因素。

近代以来，复兴墨学最力者当推梁启超先生。他以其敏锐与广博对墨学进行深入考察，认识到：虽然墨子学说二千年不流行，但其中一些根本理念，已经溶合为中华民族的特性之一。梁启超认为：在现今国际社会，墨子的学说还有极大的生命力——"斯义者，则正今后全世界国际关系改造之枢机。"

第八章　儒门护法孟子

　　孟子的出生距孔子逝世（公元前 479 年）大约百年左右，从学问渊源上讲，孟子算得上是孔子的嫡传。他很好地继承和发展了孔子的思想，提出"仁政"学说和"性善"论观点，并形成一套完整的思想体系。孟子是那个大时代的大丈夫，在社会更加动荡的战国时代，他也如孔子那样，带领学生游说诸侯推广王道思想；当政治主张不为所用，他也如孔子那样回到家乡讲学著述，留下《孟子》七篇垂教后人；在"杨朱、墨翟之言盈天下"的情况下，在与墨家、道家、法家等学派的激烈交锋中，他维护了、也振兴了儒家学派的理论，他于儒门有别人难以企及的大功勋。亚圣之称当之无愧。

母教与师承

　　孟子，本为"鲁国三桓"之后，远祖是鲁国贵族孟孙氏，也就是鲁桓公的庶长子公子庆父这一枝脉。公子庆父之子公孙敖另立一族，为孟孙氏，或称仲孙氏、孟氏。齐宣公四十八年（公元前408年），齐国攻破了孟孙氏的食邑郕（chéng）城，孟孙氏子孙遂分散开来。孟子的祖先就从鲁国迁居到邹国（今山东邹城东南），于是孟子成了邹国人。

孟子幼承母教。他的母亲教子有方，"迁地教子""三断机杼"成为千古美谈，就连启蒙课本《三字经》都要记上一笔"昔孟母，择邻处，子不学，断机杼"，成为母教的典范。孟子的母教对孟子的成长，以及孟子思想都有直接的影响，所以我们有必要把相关故事稍加介绍。

其一，三迁择邻。孟子家原本居住在邹城北马鞍山下，附近是一片墓地，山麓坟茔处处，不时看到丧葬的情形。孟子和小伙伴们就经常一起模仿丧葬的程式。孟母发现儿子受到了不良环境的影响，就决定搬家。后来，在一个"日中为市"的交易集市旁边住下来，市场上行商坐贾，拍卖喧闹，孟子又模仿这些商贾的样子学起了做生意那一套。孟母忐忑不安，再次迁居，把家搬到了县城南部的学宫旁。学宫附近常常有读书人来往，高雅的气韵，从容的风范，优雅的举止与循规蹈矩的礼仪行为，对孟子产生潜移默化的影响。他和伙伴们一起，演练学宫中揖让进退的礼仪，一片庄严肃穆的景象，远远察看的孟母内心终于感到安慰："这才是孩子最佳的居住环境啊！"于是，定居于此。

其二，断机喻学。说是孟子读书（诵书），孟母在一旁织布。孟子这书读得心不在焉，读着读着暂停了，过一会儿又开始有气无力的继续。孟母知道他根本没用心，就是在那儿闹着玩儿呢。于是，得着这机会要教育教育儿子。拿起刀来就把织布机上的经线割断了，对孟子说："学习就跟织布一个道理，这布是一丝一线织起来的，现在割断了线，布就无法织成。做事必须要有恒心，一旦认准目标，就得坚持下去，半途而废，终将一事无成。"

其三，杀豚不欺子。说孟子小时候，有一次看到邻居家杀猪，就问母亲："邻家杀猪干什么？"孟母当时正忙，便随口应到："煮肉给你吃呀！"说完了之后，自觉失言，可孟子十分高兴，还真等着吃肉呢。为了不失信于儿子，为了儿子长大了也能诚实守信，孟母还是拿钱到这个邻居家里真的买了一块猪肉来，拿给儿子吃。

其四，劝止孟子出妻。孟子的妻子独自一人在屋里，伸开两腿坐着（也就是"踞"，这在古代是很失礼的，正确的坐法是跪坐）。孟子进屋看见妻子这个样子，就向母亲说："这个妇人太不像话了，请准许我把她休了吧。"孟母问："你倒是说说，因为什么呀？"孟子说："她竟然踞坐！"孟母问："你是怎么知道的？"孟子理直气壮地说："我亲眼看见的。"孟母说："这就是你的不是了，不能怪你媳妇。《礼记》上不是说了吗：将要进门的时候，必须先问屋里有谁在；将要进入厅堂的时候，必须先提高嗓音（好让里面的人知道有人来了）；将进屋的时候，必须眼往下看。《礼记》这样讲，为的就是不让里面的人毫无准备。现在你到妻子闲居休息的地方去，进屋也没个声响，这才让你看到了她两腿伸开坐着的样子。这是你无礼，而不是你的妻子无礼。"孟子听了，只有自责，不敢再说休妻的事了。

以上虽是些民间传说的故事，但至少可以看出，孟子在成长过程中受到了来自母亲的良好教育，而这种教育对孟子的品格、思想也必定产生了重要的影响。

有人说，人生的两大幸事，一是有好的父母，二就是有好的老师。孟子的师承说法不一，一般说法就是，孟子是子思门人的学生。子思也就是孔子的孙子，据说子思的老师是曾子，而曾子对孔子的思想那叫"独得其宗"。尽管对此还有不少质疑，但要说孟子受曾子、子思思想的影响很大，这则是确实的，毫无疑义的。有人还专门做了统计，说是在《孟子》一书中，引曾子、子思言行事迹各有多少多少条，那些思想可以在曾子、子思那里找到原型。

应当承认，曾子、子思在思想上对孟子的影响绝对强有力。可是，依然远远赶不上孔子对于孟子思想的影响。咱也不妨提供个数据在这里：《孟子》中引曾子、子思言行分别是9章和6章，而光是明确引"孔子曰"的就有26条。这就叫用数据说话。

再看孟子自己怎么说的。孟子说自己是"未得为孔子徒也，予私淑诸人也。"我虽未能亲受孔子之门，然而心慕其人而以他做榜样，向他学习，间接听闻他的道，学习他的道，可以算是他的私淑弟子。其实，孔子才真可谓是孟子理想的受业之师。孟子对于孔子那是相当敬仰和崇拜的，因为他打心眼里认同孔夫子的思想，佩服孔夫子的人品德行。此后毕生的努力，也就是发扬振兴孔子的学说。

人之初性本善

"人之初，性本善。性相近，习相远。"这是《三字经》开篇的两句话，想必大家都耳熟能详。其实，这正是孔孟两位圣人关于人性的主张，第一句是孟子的，第二句是孔老夫子的。

孔子关于人性的论述不多，弟子都曾感叹"不可得而闻"。这句大概算是最显明、最具代表性的一句吧。孔子不深谈这个问题，是因为他那个时代好像还没人关注这个。到了孟子的时代，情况就不同了，各种各样的人性理论纷纷出场。有告子的"性无善无不善论"，有世子的"性可以为善，可以为不善论"，还有无名氏的"有性善，有性不善论"。

孟子站在儒家的立场，为了维护儒家的学说理论，为了延续道统，他主张性善论。这样，人性之辩就成了孟子好辩的重要内容之一，同时也成为其整个思想大厦的基础。不弄懂性善论，就不能真正懂得孟子。

孟子性善论的基本思路，《孟子·告子上》里的一段说得最清楚：

　　"乃若其情，则可以为善矣，乃所谓善也。若夫为不善，非才之罪也。恻隐之心，人皆有之；羞恶之心，人皆有之；恭敬之心，人皆有之；是非之心，人皆有之。恻隐之心，仁也；羞恶之心，义也；恭敬之心，礼也；是非之心，智也。仁义礼智，非由外铄我也，我固有之也，弗思耳矣。故曰，求则得之，舍则失之。"

为了便于理解，现将此章试译如下："就实情来说，人可以为善，这便是我所说的性善。至于有些人为不善，那不是因为没有善的本质和能力。恻隐之心人皆有之，羞恶之心人皆有之，恭敬之心人皆有之，是非之心人皆有之。恻隐之心即是仁，羞恶之心即是义，恭敬之心即是礼，是非之心即是智。仁义礼智不是外边给予我的，是我原本就有的，不过不曾切己反思罢了。所以，你只要真想求得它，便一定会得到；可如果你主动放弃，那也就失掉了。"

这是孟子论性善的一个总纲。在孟子看来，善性是天生的，内在于心，人要成就道德，就要想方设法回到自己的良心本心，发明自己的良心本心。也就是我们常说的反身自省、扪心自问、拍拍良心想一想，无愧于心的那个心。外国人讲究法律，只要不违法，什么都可以干；可中国人最讲究天理良心，也许法律上没有规定不许作，但是违背天理良心的事，就是不能做。如果被骂"丧尽天良"，也就是丧失了天理良心，这在中国是相当严重的，简直无以复加，直到今天依然如此。性善，也就是承认人天生是有良心的，只是需要你去把它发掘出来，把它打磨得越来越明亮，而不要蒙上厚厚的尘土使之埋没。

实际上，孟子坚持人性本善，并不是在坚持科学，而是在坚持价值。他并不是由于先行发现了人性善，而后为了维护科学而与他人辩论；而是他认识到一种价值，一种他认为值得肯定的，也是应该肯定的价值。而肯定这种价值，必须有人性方面的支持，所以才不得不硬着头皮、竭尽全力来证明人性本善。这也就是孟夫子的苦心了。孟子说过这样一句话："言人之不善，当如后患何？"（如果说人性不是善的，那么人要是做了坏事，并安心于做坏事，且声称这是出自人的本性，你拿什么来说服他，又有什么理由来制止他呢？）尤其，指出这是人天生就具有的本性，并非遥不可及，这也是后世盛赞孟子的一个大关键处。

也有人说，提倡和坚持性善论，显出了孟子的天真和幼稚，他竟然想用道德激励的方法来防止罪恶！其实，是我们不理解圣人。中国的圣人是真正倡导，并力求真正做到以人为本的，他们认为以人为本才是根本。这是从天道自然来的。他们认识到大道就那么自然而然地周行不悖，人是自然的一部分，也在大道里运行，无为，也就是顺其自然不就好了吗，何必施加外力？施加强制手段就是有为，就是自找麻烦，徒惹是非；发挥人的本性，发挥人的自主和能动性，因势利导，顺势而为才是自然的，才是正道。

西方的哲学家黑格尔在说到人性的善恶时，首先承认了无法从事实上证立性善或性恶，所以他认为，说人性善或说人性恶都对，并且讲了一句有意思的话："当我们说人性善时，我们是说出了一种伟大的思想；但是，当我们说人性恶时，我们是说出了一种更伟大得多的思想。"我想，中国的圣哲是不大会讲出这样的话的。

孔老夫子不明言人性善恶，只说"性相近，习相远"，那是因为他深谙易经的道理，懂得一阴一阳之谓道。孟夫子提出一套性善论，是因为现实需要，在更加纷乱动荡的战国时代，又要与百家争鸣，得有一整套较为健全的理论体系，要建立这个理论体系，你得找个理论基础。孟子当然知道人性有善的成分，也有恶的成分，如阴阳一样是一体两面的关系。但是，非要提出一种不可，那就把善提出来，因为这是"阳"的部分，抑恶扬善这也是孔子删述六经、作《春秋》时候的一个宗旨。

孟子大概是真正读懂了孔子的人，不愧为孔子的嫡传，也无愧于亚圣的称号。

有了人性本善这个基础，那后面就好讲了。按照孟子的话说："人性之善也，犹水之就下也，人无有不善，水无有不下。"（人性的善，就如同水总是往下流一样。人性没有不善的，水没有不往下流的。）既然这是势所必然，那么个人只要发扬本性，就可以取义成仁；国家君王也不用严刑峻法，只要实行仁政王道就可以垂拱而治了。

由仁到义

孟子以人性善做基础，进一步向前推进，就发展出他对儒家的第二个贡献——由"仁"到"义"。其实，孔子谈仁也谈义，孟子谈义也谈仁，但是侧重点不同，孔子所重在仁，孟子所重在义，也就是所谓孔曰"成仁"，孟曰"取义"，孔子讲"杀身成仁"，孟子讲"舍生取义"。

我们现在一般是仁义并称，把仁和义放一块儿了，也就是说二者在本质上没什么不同，或者说很相近，但其表现的地方还是有区别的。仁主要指人内心的修养，或者说是对人内心的评价；而义更多的是指人的外在行为，或者说是对人行为的评价。当然，孟子也坚决地认为，这外在行为的动力还是来自于内心。孟子曰："仁者，人心也；义者，人路也"。（《孟子·告子上》）明白些说是：仁就是人的本性，人的仁心；义就是人们行为的路径，也即做事的方式。

说明了仁与义的差别后，他又指出："仁者，人之安宅也；义者，人之正路也。"不是一般的路，是正路，是光明大道；安宅，也就是说是你安身立命的一所好宅子。孟子为人们指出了一条正道，而且是一条可以切实践行的正道。如此看来，孟子要把孔子的仁发展为义，是表明他更注重对人外在行为的评价，表明他更希望人把仁心表现出来，施及于人。

仁在内，一个人内心的真实思想不好把握，也不容易控制，这不光是外人看来这样，对本人来说也是如此；而义就不然了，义相较比仁就具体多了，它可以指所做的事情，适合不适合，该做不该做，正所谓"义者，宜也"。举个例子，一个人做了一件好事，要是用仁来判断，就要追溯到这个人的内心，深入探究一下，看看你的内心动机到底是怎样的，是真心还是假意。从孟子义的角度来讲，不着重追究你到底是怎么想的，只要你做了好事，那就叫义举。

要求一个人从内心里面做到圣人的境界，这不但确实有困难，而且还很玄乎，看不见摸不着，普通大众不大搞得懂怎么样具体实行。但是，可以要求大众在一种道德的约束下，做一些正确的事情，过一种体面的生活，这就相对容易一些了，努努力还是可以做到的。

这样，孟子由仁发展到义，显然具有道德实践的意义。也就是说，从道德实践的意义上说，义比仁具体，可操作性强。这是孟子对于儒家思想的一大贡献。

义具体，但并不等于琐细，义有大义，我们常说"大义凛然""舍生取义"。中华民族自古就有"杀身成仁""舍生取义"的伟大精神，每当危机存亡的关键时刻，总有这样的中华儿女挺身而出，而且是前赴后继。中华民族能够几番于绝境中重新站起身来，堂堂正正地屹立于世界民族之林，就是因为我们有精神支柱。这是孔孟在思想文化上，为我民族做出的不可磨灭的贡献。

　　孟子在他的文章中说："鱼，我所欲也，熊掌亦我所欲也；二者不可得兼，舍鱼而取熊掌者也。"我想吃鱼，又想吃熊掌，可是只能二选一，那我选熊掌，因为熊掌更珍贵吗。在这个比喻之后，孟子紧接着讲了："生亦我所欲也，义亦我所欲也，二者不可得兼，舍生而取义者也。"我想活着，可是义也是我想要的，要在这两个里面二选一，怎么办？孟子斩钉截铁地说，那就舍生而取义！

　　看到这里，我们真觉得孔孟在精神上是相通的。孔子早就说过"无求生以害仁，有杀身以成仁"，但没有说明是为什么。孟子现在就来给他加以论证。孟子真伟大，这么一个关涉到整个伦理学基础的重大命题，他只用两个设问就解决了，真是四两拨千斤。他讲的是堂堂正正的道理，却又讲得那么富有激情。

　　实际上，在这里孟子只问了两个问题。其一，活着是不是人最大的愿望？其二，死亡是不是人最大的恐惧？如果认为活着是人类最大的愿望，而死亡是人类最大的恐惧，那么其结果就是，只要能活着，只要可以避免死亡，那就什么都可以做，也就是可以无恶不作。

　　可那样，必然会导致人类的堕落，道德的崩溃，更切己的体会则是，人活得一点尊严都没有，请问你愿意过没有尊严的日子吗，你愿意过活得没有人样儿的日子吗？如果不愿意，那就是说，在这个世界上，应该有一种东西比生命更重要。既然如此，那最大的愿望应该是什么呢？是义。最大的恐惧又是什么呢？是不义。所以，关键时刻就应该舍生取义，无论如何，都不能不义。

个人的尊严，民族的尊严也就在于此。我们不是宗教主义国家，而中华民族数千年人格不倒，靠的就是堂堂正正做人，靠的就是这个道德基础。

王道才是正道

以人性善作为理论基础，上升到政治层面，孟子提出了他的仁政王道思想。这是他对儒家学派的又一大贡献。

孔子他老人家也讲过"仁政"，但对其内涵并没有作详细的说明，无论在理论层面还是操作层面，都没有进行有说服力的论证。而孟子接过手来，把这项工作做完了，而且做得还相当出色。他把孔子的伦理思想演绎为一整套政治构想，完成了由学术向政治的过渡，使得学统、道统与政统完美地融合在一起。从此，"学"与"仕"不再有任何学理上的隔膜，学而优则仕变成了顺理成章的事。或者竟可以说，孟子的融合三统，为后来的科举取士制度奠定了坚实的基础。

更为重要的是，孟子这一套政治构想，上有"六经"作依据，下有统治者的扶持，这也就为日后儒家思想获得"独尊"的地位创造了可能。鲁迅先生说："孔夫子是中国的权势者捧起来的。"权势者为什么单单相中孔子，这与其后继者孟子对其思想的大力发扬有密切的关系。

孟子的思路是这样的：人本性是善的，因为有这个善端，那么对其加以发掘扶植，不使其放失，而是让它充分发展，这就是修身。然后，以自身这个光辉形象作样板，对家里人，比如妻子兄弟施以正面影响，带动他们全都积极行善，一团和气，这就是齐家。再推而广之，以仁政治国，那就是行王道了。

孟子不但有思想，也是个能言善辩的大丈夫，他也曾像孔夫子那样周游列国，为的就是推行他这套仁政王道思想。在那个霸道盛行的战国时代，各国诸侯都不以王道为然，而孟子却力倡王道。《孟子·梁惠王上》就有一段精彩的故事，是孟子对齐宣王进行的关于王道的可行性分析。

齐宣王对孟子说："齐桓公、晋文公的事，您能给我讲讲吗？"齐宣王那意思是想学习齐桓公和晋文公实行霸道。那孟子怎么回答？

"我没听说过！孔圣人的门徒，没有人会提什么齐桓公、晋文公的事，所以后世也就没有对于他们事迹的记载。"那潜台词儿其实就是齐桓晋文他们的事业与我们的大道是相违背的，算不了什么，也不值得一提，他们根本上讲就是先王的罪人。"如果一定要谈谈历史，谈谈治国之道，那我们今天就谈谈'王道'可以吗？"

齐宣王问："要具备什么样的德行才能称王于天下呢？"

孟子回答："使人民得到安定，这样称王于天下，是没有人可以阻挡得了。"

齐宣王接着问："那像我这样的人，能使人民得到安定吗？"其实，齐宣王知道孟子一向认为他道德修养不够，想着孟子肯定会轻蔑地回他一句"不能"呢，那我还照样实行我的霸道，你孟夫子横是没话说了吧，你亲口说的我不能行王道呀。

哪知道，出乎意料，孟子根本不上他的圈套，十分肯定又干脆地回答他两个字："可以。"估计当时齐宣王也直瞪眼儿，心说，就我这样的也能行王道？倒要听听。"那您说说吧，您是从哪儿知道我可以呢?"

孟子于是提到了一段旧事。说是,有一次,齐宣王坐在堂上,有个人牵着一头牛从堂下走过,齐宣王见了,便问:"这是要把牛牵到哪儿去?"那人回说是要用它献祭。齐宣王说:"放了它吧!我不忍心看它那恐惧发抖的样子,这样毫无罪过地就这么被置于死地。"那人问:"那献祭的事呢,就不办了?"齐宣王说:"怎么可以废除呢?用羊换它嘛!"

孟子问齐宣王:"不知道有这回事吗?"

齐宣王说:"有这么回事。"

孟子说:"凭着这种心就足以称王于天下了。老百姓都以为王是吝啬的,我本来就知道王是不忍心。"

估计齐宣王听到这儿,心里一定是热乎乎的,可找着理解我的人了。"孟先生啊,就是这么回事儿,确实是因为不忍心看它那恐惧发抖的样子,这样毫无罪过地被杀,所以用羊去替换它。也真有不少百姓说我吝啬,想我齐国地方虽狭小,可我也还不至于会吝啬一头牛吧?"

于是,孟子开劝:"王也不要因为百姓认为您吝啬,就感到奇怪,也别觉得委屈。用小的换大的,他们怎么知道王真正的想法呢?"劝是为了把话语权往自己这边拉,"可王有没有想过,牛和羊又有什么区别呢?"好一位辩论高手孟夫子。

齐王苦笑:"那我这到底是一种什么心理呢?这到底是怎么码子事呢?(您倒是给分析分析)"

孟子说:"这正是一种行仁的方法。因为您亲眼看到牛惶恐发抖的凄惨,而没亲眼看到羊嘛。君子对于禽兽,看见他们生,就不忍看见他们死;听见他们哀叫的声音,就不忍心吃他们的肉。因此，君子远庖厨。"

齐宣王听得心里敞亮啊，"《诗经》上说，别人有啥心，我能揣摩到，这说的就是孟先生您啊。我这么做了，反过来问问自己，却也说不出个道理。今日听先生这么一分析，我就明白了。但仅凭我这种心理，就真的能行王道吗？"

孟子借这一问，立马转入主题："假如有人跟王讲，他的力气足以举起百钧的重量，然而拿不起一根羽毛，他的视力足以看见秋天鸟兽的毫毛，却看不见一大车柴禾，那王您相信吗？""不信。""如今，王的恩惠足以推及禽兽，而不能使百姓得到好处，却是为什么呢？是不肯用力，是不肯施恩。所以，王不能称王于天下，是不肯做，而不是不能做。"

孟子接着说："用胳膊夹着泰山穿越北海这样的事，对人家说，我不能，这个是真不能；但是，替老人折取树枝之类的事，也对人家说，我不能，这就是不肯做，不是不能做。而王不能称王于天下，这就属于折取树枝一类的事。"

孟子通过证明王有"不忍之心"，进而证明了实行王道的可能性，最后就看统治者是否愿意这么做了，只要肯做，就一定可以。

理想的国家

王道可行，但要树立一个观念，那就是"民为贵，君为轻，社稷次之"，理想的国家就得照此而行。

既然民为贵，那就得保民。保民具体包括如下几个方面：一是安民，二是养民，三是教民。

　　安民也就是保护人民免于自然和人为的灾祸。比如，在尧的时候，洪水泛滥，禽兽食人，自然灾害十分严重，尧就选拔舜来治理，赶走了禽兽，接着又让禹疏通江河，人民才得以在中原大地上生息。三王时代就是理想的盛世，重要的一条就是，尧、舜、禹为人民免除了自然灾害。对于一个农业社会来说，还有什么比自然灾害对人民生活的影响重大呢？作为君王，这一条你必须考虑。

　　至于免于人祸，主要也就是反对军事上的穷兵黩武。战争常常会造成人民的不安和苦难。当然，以仁伐不仁，解民于倒悬的战争孟子也是不反对的，因为那是顺应天意民心的，"王往而征之，夫谁与王敌？"必胜无疑。当然，人祸除了兵乱以外，还有政治上的不当行为，也足以扰民害民。比如遇到灾年，百姓饥寒交迫、流离失所，而政府的粮仓充盈，可就是不肯开仓赈济，这比天灾还可恨。在理想的国家，这些都得杜绝。

　　养民，就是强调满足人民自然生命的需要。这个想法在孔子那里就有，孟子加以继承发扬，并加以具体化。首先，就是制民之产：

　　"民之为道也，有恒产者有恒心，无恒产者无恒心。苟无恒心，放辟邪侈，无不为已。及陷乎罪，然后从而刑之，是罔民也。焉有仁人在位罔民而可为也？"（《孟子·梁惠王上》）

　　对百姓而言，没有固定的产业，就不会有稳定的思想，没有稳定的思想，就会放荡胡来，无所不为，如果等他们犯了法再来惩罚他们，那就和用网捕猎差不多了，仁君怎么能这么做呢？所以，要让百姓有稳定的思想，就必须让他有一份固定的产业。关于此，孟子一方面倡导井田制，一方面还提出了美好家园的设想，那就是：

> "五亩之宅，树之以桑，五十者可得以衣帛矣。鸡豚狗
> 彘之畜，无失其时，七十者可以食肉矣。"（《孟子·梁惠王
> 上》）

孟子主张分给每户居民五亩园宅，宅边种上桑树，妇女养蚕织帛，院子里再养些家畜，也就有肉吃了。在孟子那里，井田保证粮食供应，园宅保证衣帛和肉食，或者也算是家庭副业，真的很美好。

有了这个经济基础，你还得注意"使民以时"和"取民有制"，也就是说，役使百姓的时候要看季节，不要违背农时，以免耽误农业生产，征收赋税的时候，也要合理，不能横征暴敛。这个也做到了，还得加一条，善养孤寡，主要还是孤苦无依的老人。孟子说得很明白："二老者，天下之大老也，而归之，是天下之父归之也。天下之父归之，其子焉往？"连天下的父亲都投奔到你这儿来，那儿子还能跑到哪儿去呢，这才叫天下归心呢，必然能够称王于天下。

民生问题解决了以后，再进一步就要推广教育。以舜为例，他使后稷教人民耕田种谷，五谷成熟了，人民生存也就有了保障。可是常人的倾向，饱食终日，无所用心，如果不加以教导，那就无礼无义了，和动物差不多了。所以舜又让契做司徒，掌管教育，教百姓做人的道理。

教人耕种，这是谋生的知识技能，虽说也是教育的一个环节，但是，教育的目的主要还不在此。那教育的目的主要是什么？是"明人伦"，也就是使百姓知礼义，明白做人的道理，与

禽兽拉开距离！

　　具体说，就是提倡道德伦理，孟子认为，这就是人与禽兽那些微的区别所在。道德规范概括为四种，也就是仁、义、礼、智。因为人性本善，仁义礼智也是与生俱来的东西，只要想做完全有可能。人伦，概括起来有五种，即"父子有亲，君臣有义，夫妇有别，长幼有序，朋友有信"（《孟子·滕文公上》）。四种美德中又以仁、义最为重要，而仁、义的基础是孝、悌，也就是处理父子和兄弟血缘关系的基本道德规范。孟子认为，如果每个社会成员都能找到自己的位置，各守本分，各尽职责，那社会也就和谐了，尽可免于内忧与外患。这才是教育的成功，王道的极致。

　　与民为贵相对，那就是君为轻。在孟子看来，君只是个爵位官阶，即便是原来的周天子也不过如此，何况僭（jiàn）越的诸侯。而班爵定位，本来是为了划分职守，各司其事。卿、大夫不称职，可以罢黜，天子、诸侯为什么独独不可以呢？一样可以的。他曾经就直接逼问过齐宣王："士师（最高法院院长）不能管束手下的士（法官），那该怎么办？""罢免了他。"王回答。孟子紧跟着问："国内的政治不上轨道，又该怎么办？"逼得齐宣王只得顾左右而言他了。

　　轻君，实际上还是为了重民。提高人民的地位，使国君不但不敢忽视他们，而且要尊重民意，为民造福。

　　社稷代指国家，那是后来的事，在当时，社稷分别指土地之神和五谷之神，也就是国家的保护神。社稷受到危害，国家就会失去保障而灭亡，国家灭亡，则民命难保。理一下顺序就是国君不能危害社稷，社稷不能玩忽职守，一定要对人民尽保护之责，一句话到底，那就是二者全都得以民为本，人民最尊贵。社稷二神不尽职可以废立，国君不称职，那也可以推翻他。

大家想想看，这在君权、神权并盛的时代，是多么难能可贵啊！

理想的人格

孟子有理想，有理想的国家，还有理想的人格。当然，这一点并不算特殊，孔子也曾为久不梦周公而叹息，墨子则一心以形劳天下的大禹为终身学习的榜样。不同的是，孟子开展了深刻的舜（圣王）跖（zhí，强盗）之辩，从而将他个人这种理想人格思想深深地植入中国人心里，乃至融入中华民族文化之中——"人皆可以为尧舜"就是从孟子那儿来的。孟子说：

> "可欲之谓善，有诸己之谓信，充实之谓美，充实而有光辉之谓大，大而化之之谓圣，圣而不可知之之谓神。"（《孟子·尽心下》）

孟子在这里把人格分为善、信、美、大、圣、神六个层次，而六个层次中善是最基本的，圣和神是高层次的。前面四个还容易理解，这后两个得解释一下。"大行其道，使天下化之，是为圣人"（赵岐《注》），"此（圣人）谓德业照于四方而能变通之也"（焦循《孟子正义》）。圣与"达则兼济天下"有关，不仅要自己充实表现出光辉，而且其德业还得能够影响、化成天下四方。神则是圣达到一定程度后，可以根据情况变化调整自己的行为方案，从而达到游刃有余、出神入化的境界。神和圣都是人格的一种境界，而并不是神格，不是宗教意义上的神的序列。

尧、舜、禹、汤、文王、孔子，都是孟子心目中理想人格的典范。孟子对舜的称道，多与性善有关，其人绝对是性善论的样板人物；称道文王，主要在他的仁政方面，这是王道主义的典型范例；孟子对孔子，那则是把他当作自己绝好的老师一样地称颂和学习。甚至竟可以说，孟子最敬重孔子，简直无以复加。在《孟子》一书中，他说："出于其类，拔乎其萃，自生民以来，未有盛于孔子也。""见其礼而知其政，闻其乐而知其德，由百世之后，等百世之王，莫之能违也。"并引述孔子弟子的话说："以予观于夫子，贤于尧、舜远矣！"

孟子这样盛赞孔子，在于孔子德性、功业都出类拔萃，那就是孟子心中的标杆。他的学说源自孔子，他的力量源自孔子，他的信心源自孔子，他的希望也源自孔子。这也就是说，孟子一生所作所为，全是以孔子为榜样，正如他自己所说"乃所愿，则学于孔子也"（《孟子·公孙丑上》）。

孟子说到做到，身体力行，努力构建理想人格。可以说，儒家的理想人格是在孟子之后才真正丰满起来的。如果非要简单概括一下孟子这种理想人格的话，可以说是"大丈夫精神"。

关于什么人可以称为大丈夫，孟子之时就有讨论。景春，战国时的一位纵横家，他感慨地说："公孙衍、张仪岂不诚大丈夫哉？一怒而诸侯惧，安居而天下熄。"瞧瞧人家张仪、公孙衍，那才叫大丈夫呢，他们俩要一旦发怒，诸侯都害怕，他俩要是在家好好休息，天下也就安定了。孟子听了，什么反应？

"什么，这俩人算是大丈夫？你没学过礼吧（怎么说出这么没有水平的话）。”“这是必敬必戒，无违丈夫的小媳妇！（我告诉你什么是大丈夫吧）”

> “以顺为正者，妾妇之道也。居天下之广居，立天下之正位，行天下之大道；得志，与民由之；不得志，独行其道。富贵不能淫，贫贱不能移，威武不能屈，此之谓大丈夫。”（《孟子·滕文公下》）

这既是对景春的批评，也是孟子的自勉，他自己就是大丈夫精神的最典型代表。与张仪、公孙衍的“妾妇之道”不同，我们看看孟子是怎么样对待王侯的吧。

孟子在齐国稷下学宫，不治而议论，享受着大夫的待遇，也就是不用上班，专管提意见发牢骚，还可以领高工资，外加配房配车。连孟子带来的学生都跟着沾光，每人也配一辆车。因为孟子说了，我学生多，我出门他们要跟着，我坐车，一帮学生跟后边儿跑，这不像话，所以，齐宣王说，那就给你的学生也每人配一辆车。要说齐宣王在当时的诸侯王里，那得算相当不错的了，明人李贽就赞他是一代圣主呢。

可就是对这位齐宣王，也没见孟子有一点感激之态。换了别人，早就为这“皇恩浩荡”而感激涕零了，肯定也匍匐在地了。可孟子怎么样呢？他老人家腰板一直挺得直直的：我不欠你什么，你还甭跟我摆大王的架子；我是教你走正道（王道）的老师，年龄比你大，学问比你深，你只不过地位比我高，二比一，我不输给你。

孟子要的就是人格独立、精神自由，他要绰绰有余地，不做诸侯王召之即来，挥之即去的奴才。

有一天，孟子早晨起来，穿戴好了，琢磨着要去见齐宣王，跟他聊一聊（得机会还跟他讲王道）。正要出门，宣王派人来请，说是齐王本来今天想来看您的，可是不巧，他生病了，可他真的很想见您，您能不能屈尊大驾，到齐王这里来相见？

孟子一听这话，毫不迟疑地回复说："你回去告诉齐王，我今天也生病了。"他老人家本来要去的，这下愣是不去了。我可以自己来，但是不能够你召我来。

第二天，孟子一大早到一个叫东郭先生的人家里去吊丧，孟子的学生公孙丑就提醒老师说："不行啊！昨天齐王来请，您说病了，今儿一早去吊丧，传出去就不好了。"孟子说："我昨天生病，今天好了，难道不可以吗？"他老这儿前脚儿刚出门，那儿齐王就派人来问候孟子了，连御医都带来了。到地方儿一看，人孟子不在家。孟子的一个堂兄弟在家，一看这情况很紧张，只好临时撒个谎："哦，孟先生昨天确实病了，今早上刚好，已经上朝拜见齐王去了，可能正在路上呢。"这边赶紧派人，到各个路口去堵孟子，见着孟子就告诉他："赶紧到齐王那儿去，我们已经替你编了个谎，可别穿帮喽。"谁知孟子不买账，"谁让你撒谎来着，你撒谎是你的事儿，我管不着。"他根本不听你那套，齐王那儿才不去呢，也不回家，一拐弯儿到齐王大臣景丑家做客去了。

连景丑都看不惯了，"孟先生呀，你这么做，是不是太过分了？齐王对你够敬重的了，这是有目共睹的啊，可我们从来没看到你是怎么敬重齐王的呀？"孟子说："你错了，在齐国，也只有我一个人是真正地尊重齐王。"为什么呢？"因为只有我跟齐王谈仁义道德，你们都谈些乱七八糟。你们不是不知道仁义道德好，你们是觉得不值得跟他谈。"

　　这就是可敬可爱的孟子！用他自己的话说"晋楚之富，不可及也；彼以其富，我以吾仁；彼以其爵，我以吾义。"他们有他们的财富、爵位，我不要，我有我的仁和义；内心充满了仁义道德，还有什么可自卑的呢，我为什么要敬畏他们呢？他确实做到了"富贵不淫，贫贱不移，威武不屈"，他的理想人格也成为我中华民族的人格追求。

第九章　逍遥之祖庄子

庄子大约与孟子同时，都是战国中期的大思想家。孟子是儒门护法，庄子是道家代表；孟子与孔子合称"孔孟"，庄子与老子并称"老庄"；换句话说，他们分别是儒、道两家的第二号人物。庄子继承了老子《道德经》中"人法地，地法天，天法道，道法自然"的精髓，在政治上主张无为而治，在人类生存方式上主张返朴归真。他崇尚自然，提倡"天地与我并生，万物与我为一"的精神境界，并且认为，人生的最高境界便是逍遥自得，是绝对的精神自由，而不是物质享受与虚伪的名誉。庄子的思想，从其影响于中国士大夫的历史看来，虽不能算是"正统"，但也实在算不得"异端"。上自秦、汉、魏、晋的黄、老与玄学，中至宋、元、明的理学，下至近代的唯心主义都有其血液贯注着。正如宋人叶适所说："自（庄）周之书出，世之悦而好之者有四焉：好文者资其辞，求道者意其妙，泊俗者遣其累，奸邪者济其欲。"（《水心文集》）难怪人称"天仙才子，万古庄周"啊。

乡野饿夫傲立诸子

先秦诸子，除孔子、孟子几人外，后人能确切知道他们生卒年月、出生地，乃至家庭背景的，还真是少之又少。庄子作为一个沉思默想、不求功名的隐士，基本上也不会参加任何重大的历史事件，所以，就更难清晰明了地给他做个传。就连最权威的《史记》，也只是在《史记·老子韩非列传》里给他234个字的简介，虽然比给墨子的24个字看起来还多了不少，但终归嫌短。所以，我们只能是推测，根据他的生平事迹、交游往来，大致推定。

庄子，姓庄名周，大家一般都这么说，司马迁在《史记》里也是这么记载的。可是，也有人认为，庄周这个名字大概是个笔名，庄是康庄大道的意思，周则是周行不殆的意思。当人的思想境界真正和道融合在一起的时候，那人生的道路就是康庄大道，自然也就能够周行不殆，庄子就达到了这种至高的境界，所以叫庄周。

至于庄周的出生地，基本上都认为是宋国蒙人。可是蒙到底在今天的哪个地方，也还是说不清。一种说法，也是大多数人的意见，是河南的商丘，也就是说庄子是商丘人；另一种说法，是安徽的蒙城；另外，也有人说，蒙既不在安徽也不在河南，而是在山东。这样看来，名人的老乡还真就是多呢。

庄子是宋国人，这一点基本可以确定。庄子的文章中多有以宋国为背景的传说和寓言，连韩非子引用庄子的话时都说，这是"宋人语"。看来庄子是生长在宋国的，但这也不能说明他和别的国家就没有瓜葛，要知道，那是诸侯国林立的战国时代。起码，大家都感觉到庄子与楚国好像就有相当密切的联系。这不单单是因为楚王曾打算礼聘庄子作国相，主要还是因为，《庄子》一书所反映的风土人情、宫廷传闻，尤其是那浪漫灵动的思想，瑰丽奇伟的文风与楚国文化十分相近，觉得这简直就是另一个版本的《离骚》嘛。

于是，有人认为，庄子与楚文化之间的渊源关系，应该藏匿在其已经模糊了的家世之中。庄子很可能是楚国贵族的后裔，为了避难，被迫迁移到楚国北地边陲，最后才流落到宋国的。

公元前 387 年，跻身"战国七雄"的楚国，发生了一个重要的历史事件——吴起变法。

战国时期，先后出现过魏国的李悝（kuī）、楚国的吴起、秦国的商鞅三大改革家。吴起是一个才高德薄的历史人物，但是，作为一代英杰，他确实为楚国的强盛作出了生命级的贡献。

楚国封国之初，本来还是一片落后的蛮荒之地，由于自然条件优越，气候温湿，山川秀丽，楚人带着原始的浪漫和热情，很快发展了起来。到吴起变法时，楚国已是公族众多，财政匮乏，"贫国弱兵"，不堪重负，社会矛盾眼看就要激化了。楚悼王时吴起从魏国来到楚国，倡导变法，被楚悼王委以重任。他力主"捐不急之官，废公族疏远者，以抚养战斗之士"。说白了，就是要"简政"，把那些只领俸禄不干事儿的闲官、散官裁汰一批，对贵族的三代以下闲散子孙统统贬为庶民，让他们自食其力。然后把省下来的钱拿来蓄养精兵，为的是与中原各诸侯国争雄。为了防范和避免被贬贵族后裔联合造反作乱，吴起下令让"贵人往实广虚之地"，也就是把他们打发到边陲地区，让他们开荒种地，过自食其力的平民生活。

庄氏是楚庄王之后，以谥为氏。楚庄王（公元前613年即位，卒于公元前591年）。从楚庄王的时代到吴起变法（公元前387年）的时代已经相距二百余年，即使三十年算为一代，到庄子父祖辈上，也早已过了三代，所以无疑是被贬谪的对象。

可是，吴起也有失势的一天，楚悼王（公元前318年逝世）一死，吴起立即遭到达官贵人的联合追杀。可吴起聪明，临死也得拉上垫背的。他抱住悼王的尸体被乱箭射死，有的箭不可避免地就射到了悼王的身上，而伤害王尸是"夷宗"的大罪，于是，那些参与作乱的显贵们遭了殃，被新继位的楚肃王诛灭"七十余家"，庄子的父祖辈大概就是这时为避"夷宗"之祸而越境迁居宋国蒙地的。

庄子就是在这个事件发生的十二年后出生的，也就是公元前369年。正是这样的出身背景，成就了庄子的人格思想。有人这样说：只有在社会巨变或残酷政争中败落的贵族后代，才会有这样悲观的性格倾向（这让我们想起了曹雪芹，好像是有点儿这意思）。在如此热闹的时代，在士人阶层异常活跃而且情绪昂奋的年代，庄子似乎连一点儿进取的努力都不曾做过，也就是不曾主动去谋求做官或者闻达于诸侯。

他只在蒙这个地方做过一段时间不算长的漆园吏，之后就彻底隐居了。庄子也钓鱼、捕鸟、打草鞋，可那是为了谋生，不是娱乐。他经常饿得面黄肌瘦，甚至于向人借贷，可就是不愿意出仕做官。

　　贫则贫矣，可那不是落魄。有一次庄子去见梁惠王（很可能这是庄子一生中唯一一次去见君王），就穿着带补丁的衣服，他实在没有好衣服穿啊，但是，腰带鞋带儿都系得工工整整的。梁惠王见他穿得这么破，就说：哎呀，庄先生啊，久闻你的大名，没想到，你怎么搞得这么落魄啊——"何先生之惫耶"？庄子立刻纠正：我是贫困，不是落魄——"贫也，非惫也"，我有精神，有人格，有境界，谁说我落魄啊？

　　接下来，庄子更不客气了：你说我落魄，说我贫穷，我怎么能不这样呢，我处在什么时代啊？"处昏上乱相之间而欲无惫，奚可得耶？"你梁惠王当国君，让惠子之类人当国相，我能好得了吗，百姓能好得了吗？

　　是啊，庄子不是没有机会，也不是没有能力做官，他是打心眼儿里不愿意做官。他看不上那些积极营求的人，也不屑于积极营求，与其沾染浊世，不如自得其乐。

　　庄子有个老乡，叫曹商，和庄子俩个人是互相瞧不上。可是，曹商后来发了。怎么发的？他去游说宋王，宋王一高兴，说：得，我给你几辆马车，你出使一趟秦国吧。于是曹商就带着这几辆马车去了秦国，跟秦王这么一聊，秦王一高兴就给了他一百辆车，这下发了。你庄子不是瞧不起我吗，这回我非得气气你，专门把车带到庄子家门口向他炫耀，还外带着讽刺挖苦的风凉话。

　　庄子怎么反应？庄子是天才，他不动声色地讲了一个故事。他说，我听说秦王发了一个通告，他得了一种怪病，什么病呢？痔疮。谁能治好有奖赏，而且治疗的手段越是下作，奖赏还就越高。用手术刀治好的，给一辆车，用舌头舔的话，给五辆。

现在你得了一百辆，请问你是用什么办法给他治的呢？

类似的故事还有呢。庄子有个好朋友叫惠施，也就是惠子，名家的代表人物，在魏国做了相。庄子心想，老朋友做了国相，我去看看他。可他还没到魏都大梁呢，各种谣言就传到惠施耳朵里了。很多人都跟惠子讲：你要小心了，你的老朋友庄子可要来了，他这一来，还不把你给顶了。惠子一听，紧张啊：我好不容易混到这个位置，怎么能让他抢去呢。绝不能让他去见梁惠王，搜，先关起来再说。于是在大梁城里搜了三天三夜，可愣是没搜着。

第四天，庄子自己找上门来，并且给惠施讲了个故事。他说：南方有一只凤鸟，它非梧桐树不落，非清泉的水不喝，非竹子的果实不吃。这只凤鸟飞向北方时，看到地上有一只老鹰正在抓一只死老鼠吃。老鹰看到凤鸟飞来，吓得"唉哟"一声，赶快把死老鼠藏在身子底下，生怕被抢走。你现在是不是也想拿你那个相位来恶心我呀？能言善辩的惠子听了，也只有无地自容的份儿。

别说你小小魏国的相位，就是如楚国这样的大国，庄子愿意的话，那相位也是做得的，就有这样的机会。战国时代的风气，政治家普遍重视士人，招揽人才那是富国强兵的急务，急得都有点儿不分青红皂白，只要有名就行，甚至连无名的鸡鸣狗盗之士都网罗在内。庄子的大名和才华，楚威王早就有耳闻，于是专门派使者来礼聘庄子，请他做国相。可是，竟然遭到庄子的拒绝。

庄子说：楚国国王祭祀祖先和天地的时候，常到田野里去找合规格的乌龟，然后把它好吃好喝地养起来，等到祭祀的那天，就把它杀了献祭。请问您二位，是愿意作水田里的乌龟在烂泥里生活呢，还是愿意到楚国的宫殿里去享福？楚国的两位大夫都说：还是在水田里面好了。庄子说：对喽，你们回去吧，我也愿意在水田里，拖着尾巴在烂泥里自由地生活，不愿意到楚国的宫殿里去，用生命来换取所谓的富贵。

庄子就是这样，不仅不愿意做官，也不愿意当清客被人家养起来。我们说过，战国中期的时候，士人普遍受到重视，可以做官，也可以做官府或者贵族的学者清客。孟子不是就去稷下学宫了吗，好吃好喝好招待，没有具体的差事—"不治而议论"，与政治有关无关的学问都可以谈，还"为开第康庄之衢，高门大屋尊崇之"，配专车送别墅。

稷下学宫当时是最盛之时，连孟子、鲁仲连这类不大愿意曲事权贵的人都去了，何以庄子竟未去，此中原因虽无法说清，但从庄子拒绝官府的清高态度出发，可以推测庄子是不喜欢当时主流知识分子装腔作势的样子，也不喜欢那个积极营求、熙熙攘攘的俗间世。

庄子就是这样一位贫居乡野、一而不群、傲立诸子的散淡高人。

有用与无用

不错，庄子是高人。"高人"也就是"得道高人"的缩略语。庄子是道家的代表人物，司马迁说了"其学无所不窥，然其要本归于老子之言"。

庄子的学问非常大，知识面很宽，那个时代所有的学问，没有他不知道的，没有他不了解的，没有他不精通的。所以，在庄子十几万字的著作里，各家各派的思想都有程度不同的反映，《庄子·天下》就是专门评价天下各家学派思想观点的好文章。但是，庄子的思想主要还是来自于老子，是对老子思想的一种发扬光大。

老子特别强调"无之用"。一个杯子，里面什么都没有，那就可以拿来随便装什么东西；一张白纸，上面什么都没有，正好可以在上面随意挥洒。这就是老子所说的"无之用"。

但是，老子这样表达的时候，讲的未免有些抽象。到庄子这里，就把它形象化了。庄子讲道理的时候，往往是用讲故事的方式，随时编造一个寓言故事来阐明道理。而且他的故事往往是即兴的、生动的、有趣的、富有哲理的。

有用的那是才，在人叫人才，在钱叫钱财，在树木就叫木材。关于树木的寓言，《庄子》里面讲的不少。

"山木，自寇也；膏火，自煎也。"（《庄子·人间世》）

山上的木头，就是因为它长成材了，有用，可以盖房造物，可以造船打家具，甚至还可以做棺材，所以被人砍伐。树生下来，本来生命就是他自己的，本来也可以在山上一直生长下去，就这样默默无闻地自享它的生命历程。可是，因为它有用，就被砍了，这到底是谁之过？

庄子认为，罪魁祸首就是这棵树自己，所以叫"自寇"。这个"寇"就是砍伐的意思，是它自己招来了别人对它的砍伐。

庄子还讲到一个关于树的故事。说是有一个能工巧匠到齐国去，经过一个叫曲辕的地方，看到一棵很大的栎树。这棵栎树生长在土地庙旁边，非常高大，大到下面可以盖得住数千头牛一起乘凉，数十仞以上才有枝条，看来是棵老栎树，长寿树。

这个工匠从旁经过时，老栎树旁边还围了不少人欣赏，叫作"观者如市"，可是这个匠人根本没驻足，更没上前儿，依旧赶路。他的徒弟奇怪了，实在不忍心就这么走了，不禁问他的师傅："我们这些人，拿着斧头，跟着您，已经很久了。我们就是干这一行的，今天终于碰到一棵大树，正好可以取材啊，为什么从它旁边经过，都不正眼瞧一下呢？"

师傅怎么回答的？"这棵树根本就是不材之树，不足取材。它的木质太重，用这样的木头造船，船会沉；它虽然重，可又不坚固，用它做棺材，棺材很容易腐烂；做一般的器具，比如家具什么的，那很快就会损坏；用它打门窗吧，则会溢出油脂。所以这棵树看着挺大，可是没什么用，还很容易生虫子。"最后他还总结了一句：

> "是不材之木也。无所可用，故能若是之寿。"（《庄子·人间世》）

正因为这棵栎树是一棵没有用处的树，是不材之树，"无所可用"，不能做船，不能做家具，不能做棺材，连门窗都做不了，所以它才能像这样长寿。

这个齐国的木匠，回到家以后，晚上睡觉还做了个梦，梦见这个树神来找他了。并对他说："你白天对弟子的那番议论，我全都听到了。你讲的话真是无知啊。你好像很瞧不起我，说我是一棵无用之木。你哪里知道，这恰恰是我多年来所追求的呀。我不断地修养自己的目的，就是要把自己修养到一个无用的境界啊。"

这其实就是庄子的思想。我们现在所说的"颐养天年"之"天年"，在庄子的著作里，出现的频率也是相当高的。这里的"天"就是自然，"年"就是寿命。庄子用"天年"这个词来说明人和万物的自然寿命。庄子发现，在那个时代和社会里，很少有人能够活到他自己的天年，从普通百姓到上层社会，都是如此，有不得不如此的，也有自作自受的。于是，庄子一再告诫，要好好地珍惜自己，好好地保护自己，让大家不要过于"求用"，不要过于追求成功，要意识到"有用"的背后隐藏着巨大的危险和祸患。

这就是老庄和孔孟，道家与儒家的区别。儒家一再要求人们要不断地"琢磨"自己，也就是打磨雕琢自己，目的就是为了"有用"，要修身、齐家、治国、平天下，先小后大，步步推进。可庄子呢，按他的思想，也得修身，可是方向是180度的逆转，修炼到无用的境界。如果你是一棵树，那就把自己修养成不是块"好材料"；如果你是人的话，那就把自己修养成不是"人才"的人。庄子还给他们专门起了名字：不材之木叫散木，不才之人叫散人。要不戏里老唱"散淡的人"呢，就是从这儿来的。与散淡、散漫紧跟着的就是自由，叫自由散漫，不为所用，不受限制。有用的木头也有名字，叫文木，其结局就是那个"山木自寇也"，因有用而被用，一旦被用，就不自由，就受限制了。

庄子好像发现了当时非常严酷的一个现实，那就是，人是不能够掌握自己命运的，是没有自主选择自己行为自由的，人总是被命运拨弄着，越是有才，越是有用，就越是摆脱不了被使用的悲剧命运。由此，庄子认识到，有用就是对自身生命的一种戕害。有用只是对他人而言的，是相对于社会而不是对自己而言的，它的标准是外在的，而无用的标准才是内在的。所以，他主张最高境界就是把自己修养成无用。

可是，庄子马上发现一个问题。有一次，庄子在山中行走，他的几个弟子随行。看到一棵枝繁叶茂的大树，就像前面说栎树似的，它周围很多树被砍掉，就它还幸存。庄子的弟子都觉得奇怪，就问庄子。这个道理，打从栎树那儿庄子就想明白了，所以就从容地回答说："这棵树以其不材而终其天年"。

这是白天发生的事儿，可到了晚上，又遇到一个反例。庄子带着弟子们夜晚投宿，来到一个老朋友家里。老朋友见庄子来，很是高兴，要款待宾客，于是对家里人说："赶紧杀一只鹅来，我要好好招待客人。"可是家人就问了："家里有两只鹅，一只会叫，一只不会叫，杀哪一只呢？""自然是杀那只不会叫的了"主人回答。

庄子的弟子们听了这个回答，就和白天老师的教导联系起来了，于是很上心地记下来，等第二天离开主人家以后，把它拿出来请教老师庄子。"老师啊，昨天那棵树，因为不材而活下来；可是昨晚那只鹅，可是因为不材被杀了呀?!"这问题还真是不好回答，也亏得庄子脑筋快，给了一个很滑头的答复："周将处乎材与不材之间……"（《庄子·山木》）那我就既不做有材，也不做无材，我就处于材与不材之间吧。

我们觉着这话多少有点儿像儒家说的"无过与不及"，不知庄子他老人家是怎么拿捏的，也不知他的弟子们听明白没有。这玩意儿说着容易，做着可难啊！

乘道德而浮游

当庄子回答要处乎材与不材之间时，他大概自己也知道这只是个权宜之计。因为要处乎材与不材之间，从某种意义上讲，它更多的是个技术问题或者说技巧问题，表面上看，似乎解决了人我、主客之间的矛盾，可仍然显得有些勉强，总觉得不彻底。于是，有了下面的话：

> "材与不材之间，似之而非也，故未免乎累。若夫乘道德而浮游则不然。无誉无訾（zǐ），一龙一蛇。与时俱化，而无肯专为。一上一下，以和为量，浮游乎万物之祖。物物而不物于物，则故可得而累邪！"

处材与不材之间，未免乎累，而且似是而非；乘道德而浮游，才可以真正达到无累。在庄子那里，"道德"这个词儿，和今天的意思还不一样。在这里道是道，德是德，他们是分开的，各自独立。"道"是指自然万物乃至一切社会现象背后，所隐藏的那个规律性的东西，而且是普适规律；而"德"则是每一个个体独具的特征。所以，庄子说的"乘道德而浮游"，既要乘道又要乘德，是两方面都要照顾到，即在顺应自然规律的同时保持自己的个性特征。只有做到这样，才是真正达到了一种悠然自得的境界，也只有达到这种境界，人才能够免于社会所施加的种种束缚甚至危险。

要乘道德，首先就得"与道化合"。那怎么样与道化合呢？天地之正，就是天地运行的规律，六气之辩，则是六气变化的规律，也就是自然万物变化的规律。那么，循天地正道，掌握万物变化的规律，做到"乘天地之正，御六气之辩"，也就可以"游无穷"了，此正所谓"逍遥游"。

逍遥游是无所恃的游，也就是庄子在《逍遥游》篇里，反复提到的"无所待"。"待"与"恃"两字形相近，形相近则很可能意味着内涵上有相通之处。在这里，"待"可以理解为"恃"，恃就是凭借，有所恃就是有所依赖，如我们常说的"有恃无恐"。庄子讲"有待"和"无待"那可比"有恃无恐"的层次、境界大多了。那几乎就是人生的最高境界，一种物我两忘，与天地合一的境界。

如果说有用是人生的第一境界，也即材的境界；无用是人生的第二境界，也即不材的境界；再高一级，处乎有用与无用之间，即材与不材之间的境界，那么，到头了吗？还有更高的境界吗？有。最高的境界就是"乘道德而浮游"。

乘道德而浮游，就是让人摆脱对现实世界中一切有用之物的依赖，也就是达到"无待"的境界。无待就是无所凭借。一般人总觉得还是有所凭借，有所恃的好，那样才叫给力呢。可是，庄子就不这么看，庄子的境界那可真叫大。他认为，有所待依然是有所限，有所待提供的很可能就是一个有限的自由；至于绝对的自由，或者说绝对的最高境界，那非得是在无所待的情况下才能达成。

因为，一切能为人所依赖的东西都是有局限性的。而这些事物的局限性，最终会变成所凭借它的人的局限性。我们鼓励人时常说："百尺竿头，更进一步"，顺着百尺竿往上爬，最高也就是一百尺，更进一步，怎么个进法？所以，要想达到无限的高度，就不能依赖任何有限的东西。要想逍遥，无牵累，无羁绊，就得无所待，只有无所待，才能无物无己，才能忘我，才能与天地道德合一。

有人说，"无待"就是"待无"，无是看不见摸不着的东西，其实也就是"道"。所以，待无的层次肯定比待有的层次高、境界大。境界大了，心就大，就会少烦恼，得逍遥。

得逍遥，是庄子的存身之道。他的存身之道起码包括两层意思，首先就是保证自然的寿命，第二就是保护自己的个性自由。可能在庄子看来，没准保持个性自由更为重要，所以他宁可忍饥挨饿也不出仕。庄子说的很明白：

> "古之所谓隐士者，非伏其身而弗见也，非闭其言而不出也，非藏其身而不发也。时命大谬也。"（《庄子·缮性》）

不是隐士们自己愿意藏在深山里，不愿意出来；也不是他们自己愿意闭上嘴巴不发表见解；更不是他们有智慧不愿意贡献出来，实在是时代不对呀。这就不是一个能做事的时代，这个时代对个体生命来说太危险，危害人的生命，也危害人的自由。孔子不是就被警告过"当今之世，仅免刑焉"吗？可孔子不信邪，还是出来到处跑，周游列国贩卖他的学说。可结果又怎么样呢？虽然几次遇险都保住了性命，可又有哪个诸侯愿意照他的思想去治国呢？

庄子看透了，他所生活的那个战国时代，还不如孔子的时代呢，情况更糟糕。所以，他的心冷了，对那些统治者不抱任何幻想和希望了，认为他们无可救药了。得，教不了，我放弃。

这条路不走了，我干吗？乘道德而浮游呗，与天地大道同行那是真逍遥。养生、存身、逍遥自由以尽天年，正是庄子所极力提倡和践行的。他希望让每一个个体，都能够按照自然的生命历程自由充分地发展。这一点似乎与我们当下以至未来所追求的不谋而合，也就是说，庄子的思想尚具有现代价值。而且，他告诉我们，有所待的境界还不够大，还有限，它的外面还有一种境界，很高、很大、很远，那是一种天人合一的大境界。要想得逍遥，你心里得有那个大境界。

自由是因为自足

重视个体个性的自由，提倡个体个性自由，是因为个体自足。这个自足，不是咱们常说的自足常乐的自足；而是说，每一个个体的存在都有足够的理由，有充分的依据。类似于黑格尔所说的"存在即合理"那意思。在庄子这里就是：每一个个体的存在都是合理、合德、合道的，都是有其意义和价值的。所以，谁也无权抹杀任何个体的存在，谁也无权否定任何个体的存在，甚至无权改变其他个体的现状。

庄子在《齐物论》篇里说了一句很有名的话：

> "天下莫大于秋毫之末，而太山为小；莫寿于殇子，而彭祖为天。"

翻译过来倒是不算难，可理解起来还真不容易：天下没有什么东西比秋毫之末更大了，而泰山是小的；没有什么比一生下来就夭折的孩子更长寿了，而那个活了八百岁的彭祖却是夭折的。

众所周知，泰山很大，可庄子偏说他很小，甚至没有什么东西比泰山更小了，泰山要是和秋毫比呀，那泰山是小的，秋毫是大的。那殇子和彭祖，一个是夭折的孩子，一个是八百岁的老翁，按常理，不用讨论，大伙儿准一致说彭祖长寿，可庄子偏说是夭折的孩子长寿，彭祖那才是夭折呢。费解，太费解了。看来，要理解这句话，光靠语言文字功夫是不行的，还得有点儿抽象的哲学思维才行。

我们一般人都知道，不是一类的东西不要搁一块儿比较，因为他们没有可比性，比较他们是不公平的。可是庄子比我们更进了一步，那就是，即使是同类的事物，不同的个体，也不应该放在一起来比较他们的贵贱大小。细想起来，这应该是很伟大的一步，迈出了这一步也就是承认了个体的价值。每个个体都有自己存在的价值，没有必要拿此者的缺点与彼者的优点比。这其实也就是庄子的齐物论。

"道"是世界万物共同的规律，无影无形，不具体，一旦形成具体的东西，那"道"在这个具体东西上的体现就是"德"，也就是个体的个性。反过来说，每一个个体都是有德的，也就是说每一个个体都有他自身独特的本质特点。其实，德就是个体的道，显然德和道是相通的，这就是哲学里所说的共性与个性的关系。

每一个个体都合德合道，这就为每一个个体的存在提供了强有力的依据。既然个体有存在的依据，既然个体自足，那你就得尊重个体，注重个性。既然尊重个体，注重个性，那通过什么来体现？毫无疑问，就是宽容和自由。

宽容，你没有权利，也没有理由歧视其他人和物，你与他们都是平等的，没有轻重贵贱之分，你有存在的理由和权利，人家也有。自由，就是"由自""不由他"，根据就是"个体自足"。一个人怎么想，怎么做，都由自己来决定，而不是为外力所强迫。当然，这个自己的自由是建立在他人自由的前提之下的，也即维护自己的自由之前，承认他人的自由。

如果说孟子为道德找到了人性论的基础，那么，庄子就为人类的"自由"找到了认识论上的依据。因为人性是善的，所以要做一个有道德的人；因为人性是自足的，所以要做一个自由的人。道德和自由，这人类存的两大基石，恰好被生活在同一时代的两位大思想家论证得如此完美。

儒家思想一再要人们为社会多做贡献，而庄子一再维护个体的自由。他在《齐物论》里说："物固有所然，物固有所可"，也就是，所有的物，所有的个体，都有他之所以这样的理由，都有他可以这样的理由，应该肯定，也应该尊重。为这庄子还举了"莛与楹"（也就是小草和柱子）"厉与西施"（也就是丑女与西施）的例子，说他们是"以道观之，物无贵贱"（《庄子·秋水》）。

可是呢，"以物观之，自贵而相贱"。也就是说，站在自己的立场上看，那就只有自己贵，互相都看不起对方。这就容易造成歧视，有歧视就有麻烦，就有迫害，希特勒不是狂杀过犹太人吗，其中一个理由就是认为犹太人是劣等民族。

可见，庄子齐物论，无贵无贱、个体自足的观点，即使在今天看来，都是可贵和高尚的。

宇宙本来无是非

在庄子看来，或者说从道的角度看，宇宙间不光没贵贱，也没是非。可是，人生在这世间怎么能没有是非呢？没是非，那不是老好人吗？所以，庄子这里所讲的是非，不是简单的用道德的评判标准来看的，不是伦理学的角度，而是认识论的角度。

"齐物论"可以说是齐物之论，也可以理解为齐"物论"，就是把关于事物的议论都等齐起来，公平起来。比如庄子讲到：人如果长期地待在潮湿的地方，后果比较严重，会生病，会偏瘫，会得关节炎，可是，泥鳅会这样吗？不会，泥鳅偏偏就是愿意待在泥巴里；人如果晚上睡在树枝上，一定会非常害怕，可是，猴子会这样吗？也不会。人要睡在床上，泥鳅偏要睡在烂泥里，猴子则喜欢睡在树上，你说哪个对呢？

很难回答。如果说像人那样睡床好，那让泥鳅和猴子也睡床上，他们还真享受不了；如果说睡烂泥里好，那让人也睡烂泥里试试，人也受不了。所以庄子说，天下没有所谓的"正处"。处，就是环境，正处，就是适合的、对的环境或地方。

不单没有"正处"，也没有"正味"，也就是没有共同的口味。人喜欢吃牲口，喜欢吃猪马牛羊。可麋鹿喜欢吃什么呢？羊喜欢吃什么呢？喜欢吃草。蜈蚣喜欢吃什么呢？蜈蚣喜欢吃蛇的头脑。而猫头鹰喜欢吃的竟然是死老鼠。可见，天下没有大家一致认为好吃的东西。

天下还没有"正色"，也就是大家一致认为好看的美色。庄子说，猿和猴之间是要配对的，猿要找对象的话那就找猴子；麋要找配偶的话，那必定找鹿；鱼要找伴侣，那就找泥鳅，反之亦然。可人要找对象呢？找美女呗。可是，尽管人见了美女就喜欢，鸟兽鱼虾见了又会怎么样呢？躲呗。用庄子的原话就是：

> "毛嫱、丽姬，人之所美也，鱼见之深入，鸟见之高飞，兽见之远遁。"（《庄子·齐物论》）

于是，庄子得出一个结论：天下没有正处，没有正味，也没有正色，每一个不同的类，都有其不同的爱好，这也可以推广到每一个不同的个体，所以不能以自己的立场和喜好去决定别人的喜好。己所不欲勿施于人成立，反过来，己所欲施于人就不成立。

这也是合道的，想想看，大家若都一样，若都喜欢一种东西，那还不抢疯了？必然引起某些东西的绝灭和某些东西的泛滥，进而就是所有东西的毁灭，因为它破坏了世界的多样性，而单一是不能生生不息的，是必定要绝灭的。

每一个事物本身都存在着与它相对立的一面，就像今天哲学里所讲的，所有事物都是矛盾的统一体，而且这个矛盾双方的关系又是互相依存的。每一个事物都有是和非，每一个事物都包含着它的矛盾性，因此就不能以一得之见来判断世界。在《天下》篇里，庄子曾感慨地说：

> "天下多得一察焉以自好。"

天下那么多的学问，儒家也好，兵家也好，墨家也好，法家也好，都是站在自己的立场上，看到了他们自己看到的部分真理，然后就把他们自己看到的那部分真理理解为是全部的世界，理解为全部的真理。互相之间却不能承认。所以，庄子说他们是"一曲之士"，也就是得到部分真理，又拘泥于这部分真理，而认识不到真理的全部，认识不到世界的丰富性和宇宙的无穷性。就好比一个人的眼耳口鼻等感官，各自都很灵，可就是不能互通消息。

这让我们联想起盲人摸象的故事。一群盲人，都不知道大象长什么样子，各自过去摸一摸。摸到大腿的，就说大象像柱子；摸到鼻子的，就说大象像弯弯的管子；摸到尾巴的，就说大象像个细细的棍子；摸到身体的，就说大象像一堵墙。那么，到底听谁的？

这不仅仅是认识论的问题，稍微前进一步，就是我们经常面临的非常严重的社会现实问题。试想，如果摸着大象身体的人掌握了大权，而他又坚持说大象像墙，其他人的说法全都是错误的，并且所有人都得承认我的，我说的才是真理，不承认不服从的一律治罪，这不是很现实的问题吗？

可见，认识论的问题最后会变成严重的政治问题。庄子就是意识到世界的无限性和自身的局限性，知道真理并不一定在自己这一边，知道自己并不掌握全部的真理，承认别人也可能有真理的一部分，懂得给异端思想和持异端思想的人以宽容和尊敬。而这即使是在今天，公认为较比古代社会文明进步了许多的新时代新社会里，仍然是很多人无法达到的境界。

生死可作如是观

能够无贵贱，无是非，已经很不容易了，人都说生死事大，可到了庄子这里，还可以"无生死"或者说"齐生死"。大家应该都听过庄子那句话："方生方死，方死方生。"这与佛家说的"死即是生，生即是死"意思好像差不多，难怪到后来常用庄子思想来消化佛学理论，容易沟通。

一句话，在庄子看来，生死都不算什么，正所谓生亦何欢，死亦何苦。

首先，庄子能客观地面对死亡。我们知道，庄子一生物质生活都是不宽裕的，老伴儿自然也是跟着他过了一辈子苦日子，也算得上是患难夫妻了。可是，当他的老妻死去的时候，庄子怎么样呢？他"箕踞"，就是两腿叉开，平坐地上，这在古代是极其无礼的坐姿。普通常人家里要是遇上这样的事儿，起码应该是垂头跪坐，即便不流涕也应该神情哀婉吧。庄子不但箕坐，不但不哀婉，还鼓盆而歌，就是手里拿着个破瓦罐，一边伴奏一边唱。

这让前来吊唁的好友惠施都看不下去了，实在气不过，说"庄先生啊，你这也忒不像话了。你的老妻跟着你苦了大半辈子，还给你生儿育女，容易吗？如今她死了，你不哭也就算了，干嘛还要唱起来，太过分了吧？"

庄子听了，说："你批评的也是有道理的。你以为我真的不难过吗？我也是人，怎么会没有人之常情呢？刚开始，我也哭。可是哭了几声我就不哭了，因为我忽然想明白了一个道理。我想我的妻子在没有成为人之前，她是什么？"

诸位，你想过这个问题吗？庄子想的是："人在没有成人之前，她肯定是没有生命的，不光没有生命，连形体都没有。不光没有形体，连元气都没有。气原来是混杂在冥冥之中的，变化后成为气，然后才成形，然后才转化为生命。现在她又由生转化到死，这不是和春夏秋冬的四季更替一样吗？她的尸体现在还躺在天地之间，我却哇哇叫地在她身边痛哭流涕，自以为这是没有真正理解生命现象，所以就停下来不哭了。"

在庄子看来，世间的万事万物都是由"气"构成的。人也不例外，"人之生，气之聚也；聚则为生，散则为死"。可以说，庄子在宗教之外，给我们找到了一种生死之道。参透生死是人生的大课题，把这个参透了，人一辈子也就算是明白了。

庄子是真看透生死了，当他自己将死之时，又是怎么表现的呢？正因为他执著于这样一种"通天下一气"的观念，自然就对死亡抱着一种十分浪漫达观的态度。庄子快要死的时候，他的弟子们准备厚葬自己的老师。庄子知道后用幽默的口气说："我死了以后，大地就是我的棺椁，日月就是我的连璧，星辰就是我的珠宝玉器，天地万物都是我的陪葬品，我的葬具难道还不丰厚么？你们还能再增加点什么呢？"学生们哭笑不得地说："老师呀，我们还不是怕乌鸦老鹰把老师吃了么？"庄子说："扔在野地里你们怕乌鸦老鹰吃了我，那埋在地下就不怕蚂蚁吃了我么？你们把我从乌鸦老鹰嘴里抢走送给蚂蚁，为什么那么偏心呢？"

一个人对死亡能有这样通达的态度，真的是可爱可敬。

庄子不但能客观地面对生死，也敢于谈论生死。孔子就不愿意谈死亡的问题，叫"子不语怪力乱神"，对于死亡，孔子的态度是"未知生，焉知死"。他要把生死的问题紧紧地捂住不说，唯恐出问题。因为，没有宗教的民族，老是谈死亡，容易使人产生幻灭感。死了以后，没有天堂，也没有地狱，既然死了以后什么都没有，那活着的时候为什么非要做一个好人呢？所以，基于道德的考虑，孔子要回避这个问题。可庄子不在道德的角度来谈问题，他超越了这个问题，所以可以谈，而且是痛痛快快地谈。

就有一个讲死亡的故事。说庄子到楚国去，在野外看见了一具骷髅，庄子非但不惧怕，还走上前去，用马鞭敲打着骷髅的脑袋，说：你是因为违背自然规律而死的么？是国破家亡，遭到刀斧之刑而死的么？是自己干了罪恶的勾当，有愧于父母妻子而死的么？你是因贫穷冻饿而死，还是寿终正寝自然死亡的呢？"问完了话，庄子就枕着髑（dú，头骨）髅睡觉。

半夜，髑髅在梦中对庄子说："听你说话像是能言善辩的人，不过，你说的都是活着的人的忧患，死了之后便不存在这些问题了，你想听听死人的道理么？"庄子说："可以。""死了以后，上无君下无臣，也没有为生活奔忙的四时之事，轻轻松松地以天地为春秋，其快乐程度即使你们南面为王的君主怕也比不上呢！"庄子不相信，就说："我让掌管生死的鬼神恢复你的形貌，归还你的肌肉骨骼，送还你的父母妻子和朋友乡亲，你愿意干么？"髑髅一听很不高兴，紧锁眉头说："我怎么会放弃比南面称王还快乐的事，去到人间受那些烦心劳体的罪呢？"

这里，庄子把死亡描绘成一种至高无上的安乐之事。既然死比生还要快乐，关于死亡的恐惧自然也就不存在了。这种说法固然不能证实，但也没人能够证伪。但是，庄子的基本思想并不是以死为乐，而是"齐一生死"。

对于大部分人来说，死亡是最可怕的了，可经庄子这么一说，死亡也就不算什么了。生死存亡，可作如是观："大块载我以形，劳我以生，佚我以老，息我以死"。（《庄子·大宗师》）大块就是大地，大地对众生是什么样呢？大块承载着众生的形体，用生来让人们劳作，用老来让人们休息，用死亡来让人们得到最终的安息。死亡，不是惩罚，而是对人们的体谅，甚至是奖赏，辛苦了一辈子，好好的休息吧。

这是庄子浪漫达观的生死观，也是对天地自然所唱的赞歌。

第十章　百家争鸣的终结者

从荀子到韩非

　　荀子与韩非，他们都生活在战国末年，荀子还是韩非子的老师。荀子是儒家的三位杰出代表之一，而从学于儒门的韩非，最终成为法家的集大成者。这乍看起来显得有点儿不可思议，而实际上却是顺理成章。这还源于那个纷乱既久的时代。战国末期，诸子各派的思想学说均已出现，而且各择其主，纷纷涉足政治大舞台，对各家诸侯乃至社会施加影响。这使得本就注重实际，深怀乱世之忧而又博学深思的荀子，不仅能采纳诸子思想，又可以进行比较和批判。他以儒家为本，兼采道、法、名、墨诸家之长，对孔子思想有所损益。在荀子的思想中，"人性本恶"是个核心，基于人性恶，荀子又突出强调了"礼"的行为规范作用。而他的这个"礼"更近于"礼法"而不是"礼义"。荀子还主张重法尊君、法后王,这无异于给暴君松绑。后期法家代表人物韩非、李斯都出于荀子门下,并非完全偶然。从这里也反映出那个动乱时代的精神,那是一个人们迫切渴望政治统一以结束动乱的时代。

历史正在重新定向

荀子、韩非,他们都生活在战国末期。从周平王元年(前770)算春秋战国时代的开始,到此时已经差不多500年了。在四五百年的漫长时间里,始终缺少足够的力量来结束这种混乱局面,社会仍然在寻找,同时也一直在孕育着一种新的社会形态,以使自己由战乱无序走向和谐统一。

说到底,发生在春秋战国的这场沧桑巨变,根源还是在于基于生产发展的人们能力普遍地发展和提高,打破了原先的平衡,这就使得人们开始对自身利益普遍地觉醒和重视,他们要求进行一次利益的大调整,要来一个符合现实的重新分配。

诸侯不再甘心做周朝的藩属,而是要各自为政、自做君主;卿大夫和士也不再甘心于隶属他人,看人脸色、仰人所赐地过生活,而是要积极谋求更大的权利;地主和商人则不仅对土地和财务感兴趣,而且还要寻找政治上的代理人或自己跻身于统治阶级;连奴隶都开始起义、逃亡,很多人有了自由民的身份。

乱则乱矣,但不得不承认,这种沧桑之变正是生产力发展和社会进步的一种体现。社会进步的一条重要表现,那就是社会利益的一定程度的普泛化。从历史上看,人们利益的较为普遍的获取，往往就是通过化原来的"公利"为个人的"私利"而实现的。这就必然导致原有社会规范和价值观念的破坏，社会失范在所难免。

然而，大多数个人应时、合理的"私利"也就成了"公利"，而"公利"一旦只为少数人享有时，那也就成了"私利"。春秋战国，正是已经变得虚假的"公利"被人们抛弃，而实在的私利被无数个人所力争的时代。历史的车轮滚滚向前，丧失了生命力的旧的经济、政治、文化类型行将就木，与此同时，富有生命力的新的经济、政治、文化类型也正在孕育发展，即将取而代之。

于是，在春秋战国时代，"变法"也就是改革成为潮流。齐国管仲的改革，将齐桓公推上春秋第一霸主的位置，其后，但凡实行变法改革的国家，多能由弱转强，甚至称霸诸侯。人们看到了改革变法的好处，也看到了作为人才的士阶层的重要作用。诸侯们甚至不惜用"珍器重宝、肥饶之地"以招揽任用"天下之士"（贾谊语）。

身价倍增的士人，获得了从政参政的大好机会和一试身手的社会政治大舞台。他们可以选择为本国服务，也可以为他国效力，何去何从全看未来的发展机会和所受待遇，"楚才晋用"的成语，就是当时人才流动、大争夺的真实写照。这真可说是士人的黄金时代。

招揽人才、变法革新，无非是为富国强兵、称雄天下。诸子百家的士人弟子也都是八仙过海各显其能，力图用自家学说说服或影响君主权臣施政。可以说，人们从道德仁义及先公后私的思想束缚中相对地挣脱出来，以个人私欲为基础形成了尚利尚力的社会意识。这种意识是社会发展巨变的精神条件，而社会的变革发展反过来又强化和推进了这种意识。

为了占有更多的土地，统治更多的民众，乃至君临天下富有四海，各国诸侯都有兼并别国的强烈争霸意图，只要一有条件和机会，他们就会展开攻城掠地、杀人灭国的战争。战争，这种本属特殊，而在当时又频繁发生的社会交往形式，自然地指向天下统一，因为，它是天下统一最有威力、最有成效的形式。

当然，单纯的战争并不能实现天下统一。与战并重的就是"耕"，凡有头脑的统治者，总是"耕""战"兼顾。一方面，他们不能绝不考虑人民厌战思安的情绪，在战争的间隙得想办法让他们休养生息；另一方面，为了战争本身，也必须靠生产积累财力物力。所以，此时的变法不可不在耕与战两方面做文章。

客观地说，正是在这个时代，农业生产的发展得到了空前的重视，铁制农具在生产中得到广泛应用，生产技术也取得很大进步。同时，工业商业也空前地活跃起来，多方面地满足和丰富了人们的生活需要。

也正是当时的经济，也就是农业和工商业的发展，为统一提供了深厚坚实的物质基础，更为重要的是，这种经济上的发展，导致了互通有无和社会分工的扩大，促进了交通事业的发展和大都市的形成，冲击了各诸侯国间的壁垒关卡，将不同区域的人们联系到一起，使人们有了"四海之内若一家"的感觉。这就促成并强化了天下安定就要统一、统一才能安定的思想观念。

到荀子之时，建立一个书同文、车同轨、行同伦的大一统帝国，已经成为最显明的时务、最重大的事功。问题仅在于根据何种原则、采取何种方法、通过什么途径来实现这个统一。

荀子（约公元前 313 年—公元前 238 年）名况，时人尊而号为"卿"，因"荀"与"孙"二字古音相通，故又称孙卿，战国时期赵国人。关于荀子的生平事迹，史籍记载相当简略，生卒也不详，据《史记·孟子荀卿列传》和其他资料推测，其政治、学术活动大致在公元前 298 年（周赧王十七年）到公元前 238 年（秦王政九年）之间。

荀子密切关注着现实世界的变化，深切地感受着时代的巨变，也清醒地意识到，虽然诸侯异政、百家异说的局面还在持续，但历史正在重新定向——从混乱到安定，从冲突到和谐，从分裂到统一。

如果说孔子是"知其不可而为之"，那么荀子应该是"知其可而为之"，他进取有为的人生态度和理智客观的思想方式，或许就来自于此。他也和孔子、孟子一样，曾为推行其学说而周游列国，讲学于齐、仕宦于楚、议兵于赵、议政于燕、论风俗于秦。虽然，他的许多见解受到各国当政者的称赞，但均未给予重用。

尽管如此，荀子依然矢志不移，年事已高犹自著书立说，一心施展自己的抱负，推行自己的主张。他凭借的已不单是孔孟那样的对理想的持守，他知道他的理想是很现实的，是必定要实现的，也就是说荀子的理想取向和现实取向是统一的。

为了这种统一，荀子以孔子儒家思想为本，博取百家、兼采众长，结合社会现实，加入新的社会内涵或者说时代特征，对既有思想进行了再造与重构。

引法入礼

荀子对于既有学说思想的再造和重构，虽说以儒家为本，但还是有相当程度的损益。其中，最为突出的就是对于"礼"的改造。

礼是荀子社会政治思想的核心，他深入地探讨了礼的起源问题。关于礼的起源，他说：

> "礼起于何也？曰：人生而有欲，欲而不得，则不能无求，求而无度量分界，则不能不争。争则乱，乱则穷。先王恶其乱也，故制礼义以分之，以养人之欲，给人之求，使欲必不穷乎物，物必不屈于欲，两者相持而长，是礼之所起也。"（《荀子·礼论》）

也就是说，礼的起源是为了节制人的欲望，防止人与人之间的争夺。这里荀子首先承认了人生而有欲望的要求，欲望要求无度量分界就会发生争夺，因此要用礼加以节制。但是，礼主要还是为了使欲望得到合理地解决，而不是为了完全压制人的欲望。所以说礼乃养人之欲，给人之求，使欲求和财物保持平衡，即两者相持而长，这就是礼的起源。

然而，除了满足人类这些基本的生存之养外，礼还有他另外的重要内容，那就是"别"。别什么？荀子说：

> "君子既得其养，又好其别。曷（何）谓别？曰：贵贱有等，长幼有差，贫富轻重皆有称者也。"（《荀子·王制》）

这样看来，别就是贵贱长幼贫富之别，包含人之伦理和等级这两种差别。其实，具体点儿说，就是君臣、父子、君民等上下秩序，以及社会人群占有财富多寡的差别。例如，天子最贵，其所得之"养"（供给）就"礼"所应该为最高，诸侯、大夫以至庶民则等而下之，这就是礼之"分"与"别"。

之所以要按礼分配，而不实行平均分配，那是因为物资匮乏，供不应求。而且，荀子还说：

> "夫两贵之不能相事，两贱之不能相使，是天数也……先王恶其乱也，故制礼义以分之，使有贫、富、贵、贱之等，足以相兼临者，是养天下之本也。"（《荀子·王制》）

给人分等级，这在荀子看来，是礼的一大功能。人的地位不能完全一样，众人也不能完全平等，为什么呢？因为，那样一来，就谁也支使不动谁了，还怎么做事情呢？简直就是取乱之道。这是天数必然。先王厌恶混乱没有秩序的状态，所以制定了礼来为人们分出贫富贵贱来，然后让他们相互制约，保证天下的人都能得到那基本的生存之养。

其实，说白了就是，要保证使人群中一小部分人过得好，大多数人饿不死，而且还能心安理得地接受并承认这个现实，各守其礼，各安本分，不闹事儿，大家和和气气过日子，落得个天下太平。看来，礼还就是最便捷的手段。所以，在荀子这里，礼先是个政治现象，然后才是文化现象。

我们不妨回过头来看看，看礼在孔子、孟子那里是什么样的。在王纲解纽、礼崩乐坏之初的春秋时代，孔子讲的礼，还是对一种古老政治秩序的回忆与怀念，也是对一种古老文化景象的回忆与怀念。他向往"郁郁乎文哉"的周礼，要"我从周"，希望通过努力，保存和发扬古老的道德传统，更希望这套文化传统能够继续发挥它的社会整合作用。

孟子则从辞让之心出发来谈礼。他天真热情，对人类抱着善良的信心，认为礼产生于人本性中的善，是一种先验的存在。也就是说，礼首先是一种心理现象，而且是源于自然，然后才表现为一种普遍的社会文化现象。即所谓"辞让之心，礼之端也"，礼是由天生的辞让之心自然而然产生的。

不难看出，在孔孟那里，"君子国"的理想还在，孔孟的礼，都更主要地属于上层贵族政治生活的规矩，以及私人生活中的礼让揖节。或者可以说，孔孟是把庶民的地位提高了，对他们也使用原本专对贵族使用的规范标准。

荀子的礼，从争夺之心谈起，也就缺乏了人主观上自发的揖让成分，而主要是一种被动的行为约束。可以说，孟子的从辞让之心谈礼，属于道德的范畴，其对象是人的道德自觉自律，它最终产生的是义务思想；而荀子从争夺之心谈礼，则属于法的范畴，其对象是"度量分界"，它最终导致的则是权利思想。

显然，就礼之产生及其作用而言，荀子的分析更为现实和理性，显得也很科学，而孟子的分析就理想得多感性得多，但也正是这种"往好了想"的天真、理想，让我们感觉到一种温暖与美好，获得一份人之为人的自信与自尊，这又有什么不好呢？

通过这样的比较，我们发现，按荀子的那种解释，礼的运用已然具有了法律上的意义，这就使得他的礼与孔孟的礼有了很大的分别。孔孟的"礼"近于"义"，所以常常"礼义"并称，荀子的"礼"则近于"法"，所以"礼法"合一。这样，荀子算是完成了他对于礼的改造。应该指出，荀子还是坚持礼的，尽管他这个礼已经与其弟子韩非的法仅有一步之遥，但也就是这体现出了老师思虑的周全和伟大。

人性本恶

上面说过，荀子谈礼，出发点在承认人天生就有欲望需求，虽然荀子并不否定人基本的自然生理需求，但他也看出人生而有的这个"欲"，显然很容易超过其基本的自然生理需求，这就源自于人性恶。荀子提出人性恶，这也是他独具特色的思想。

荀子主张的人性本恶和孟子主张的人性本善刚好相反，可是他也同意：人人能够成为圣人。孟子说："人皆可以为尧舜"，荀子则说："涂之人可以为禹"，那意思都差不多，也就是凡人也可以做圣贤。可是，这种一致还不足以掩盖二者在本质上的不同。

按孟子的说法，仁、义、礼、智的"四端"是天生的，只要充分发展这四端，人就能够成为圣人。荀子对此那是坚决反对。他认为这是孟子不了解人的本性，尤其是不了解人的本性和人后天作为之间的区别，才得出这样错误的结论。

荀子呢，他可是把先天本性和后天作为明确区别开了。何为人性？人性就是人的本性。而且这个本性是天生的、自然的，不是学习得到的，也不是人为而成的。

人性如此，物性也是如此。人有耳朵就可以听，有眼睛就可以看，人的听觉和视觉不是学来的，这难道还不够清楚吗？

因此，凡是不学而会，不为而成，自然生就的性质，就称之为本性。凡是要通过学习才会，经过人为才成，靠人后天努力才具有的能力和本领，那就称之为"伪"，伪就是人为的意思。也就是荀子在《性恶》篇里说的："人之性，恶；其善者，伪也。"

人的感官只要一接触到外界，就自然产生的感觉，不必等待后天努力就有的性情，这就是出于人的本性；相反，人的感官接触外界，并不自然产生，而一定要通过后天努力才能获得的认知，那就是出于人为。

在荀子看来，要弄清楚什么是人性，关键在于区分天生和人为。在这一点上，孟子显然犯了错误，他把后天人为习得的东西，当作人的本性了。如果说人性本来是善的，那人就应当一出生就知道礼义、谦让，就像事物固有的素质就是美的，材料固有的品质就是好的，或者就像有目能看、有耳能听一样。但是，人生下来并不知礼义和谦让啊。

我们看到的是：人性就是饥而欲食，寒而欲暖，劳而欲逸。至于自己虽然挨饿，仍然紧着长辈先吃；自己虽然劳累，仍然替长辈劳动等等，这些实际上都是违背人的本性，背离人的情欲的。而之所以还能这样，那是后天学习并遵循礼义的结果。

接下来又有个问题。既然人性和物性一样，是源自天生与自然，那么，是不是就非善非恶了呢？

否。人性是恶的。荀子指出：

"今人之性，生而有好利焉，顺是，故争夺生而辞让亡焉；生而有疾恶焉，顺是，故残贼生而忠信亡焉；生而有耳目之欲，有好声色焉，顺是，故淫乱生而礼义文理亡焉。然则从人之性，顺人之情，必出于犯分乱理，而归于暴。

故必将有师法之化，礼义之道，然后出于辞让，合于文理，而归于治。用此观之，人之性恶明矣，其善者伪也。"（《荀子·性恶》）

人生下来没有不贪图私利的，如果顺着这种本性，就会出现争夺而看不到彼此的谦让；人生下来没有不嫉妒别人的，倘若顺着这种本性，就会出现互相伤害而看不到诚实守信；人生下来就有各种欲望，喜好美色乐声，如果顺着这种本性，就会滋生淫乱而看不到礼义秩序。人生下来就目好五色，耳好五音，口好五味，身好安逸，心好追求占有，难道不是这样吗？只要放纵人的本性，势必造成争夺，出现违反名分等级，破坏社会秩序的混乱局面，这难道不是事实吗？

那怎么办？用礼义制度来约束。圣人熟知人事，深谙大道，集思广益，制定礼乐，确定法度，以此来维护人类社会秩序，这就是圣人人为的努力。他还有个专门的词儿，就叫作"化性起伪"。也就是，圣人变化改造人性之恶，兴起造就人为之善的意思。

就人的本性而言，圣人与常人没有什么两样，圣人之所以能成为圣人，那完全在于圣人后天人为的努力，也就是能够化性起伪。常人如果也接受圣人的教化，不断积累文化知识，遵行礼义制度，并且不断磨练积累，也能达到圣人的境界。可要是放纵性情，任意妄为，违背礼义，那就只能为小人了。

显然，荀子主张人性恶，区别性伪之分，主要还是为了强调礼义教化的重要性，为推行礼义教化奠定理论基础。然而，不可否认，这种过于理性的分析，多了几分冷漠少了几分温情。

荀子批评孟子的性善论，说他混淆了本性与人为的区别，而荀子自己也混淆了一对范畴，那就是自然范畴和伦理范畴。人性属于自然的范畴，而善恶属于伦理道德的范畴，自然范畴内不存在道德内涵，到自然现象中去寻找道德意义，这恐怕是犯了唯心主义的错误。

我们说，人的正常欲求既可以是恶的萌蘖（niè）地，也可以是善的源泉，或者说是人类进化、社会发展的动力。而荀子把人的欲望之作用几乎完全想成负面的了，他固执地认定人性的自由发展只能产生恶，那就极其容易走到压制人欲的道路上去。这不但影响了他的弟子韩非，甚至波及宋明理学，存天理灭人欲这种反人性的思想主张，在那里达到了顶峰。这或者可以说是荀子人性恶的严重后果，即便替他解脱，也不能排除二者之间确有联系。

成为中介并非偶然

荀子是法家代表韩非、李斯的老师，而这两位徒弟，一个是秦统一天下的理论指导者，一个是辅助秦始皇剪灭群雄的得力干将。尤其李斯，在秦之加强君主专制及焚书坑儒过程中，还起了关键的作用。因此，这两位"高足"也就成为后人诟病荀子的由头。

宋代大文豪苏轼就说："昔者尝怪李斯事荀卿，既而焚灭其书，大变古先圣王之法，于其师之道，不啻（chì）若寇仇。及今观荀卿之书，然后知李斯之所以事秦者皆出于荀卿，而不足怪也。……彼李斯者，又悖甚者耳。今夫小人之不为善，犹必有所顾忌。……彼李斯者，独能奋而不顾，焚烧夫子六经，烹灭三代之诸侯……以为古先圣王皆无足法者。不知荀卿独特以快一时之论，而荀卿亦不知其祸之至于此也。其父杀人报仇，其子必且行劫。荀卿明王道，述礼乐，而李斯以其学乱天下，其高谈异论有以激之也。"（《东坡全集》第四十三）

这种观点，已为不少人接受。虽说韩非和李斯在思想上并未完全继承老师荀子，甚至多有相异甚或相悖，但是，客观地讲，荀子对于李斯和韩非思想的形成，还是有相当影响的。

有这么一点值得重视，荀子对于天下统一有着积极的追求，由于看到了黎明前的曙光，而使得这种追求尤为迫切。为此，他也在调整他的思想和身份意识或者说定位。

我们可以略作比较，孔子的一生似乎一直保持着他贵族的气质，那是一种高贵的近乎淳朴的品性，有着贵族的爱好与教养，他精神世界的高贵典雅与他物质世界的低贱贫乏所形成的巨大落差，正是他精神势能形成的原因，他的克己复礼可以说是一种精神情结，一种回归往昔"郁郁乎文哉"社会的精神情结。

到了战国中期的时候，我们看孟子和庄子，他们也是破落贵族出身，但流浪既久，皈依的情怀早已消磨殆尽，他们对祖先昔日的堂皇早已没了兴趣，他们独往独来，天马行空，追求的就是精神的自由，要的就是那自由自在的感觉。他们只依天，不依人，对于统治者，庄子是绝不合作，孟子是只做王者师，不做王者臣。

到荀子这里，就变了，由特立独行的大丈夫，一变而为端庄明慧的淑女、循规蹈矩的君子。端庄明慧的淑女是做妻妾的好人选，循规蹈矩的君子是做臣下的好材料。孔子的典雅高贵和孟子的铮铮傲骨，到荀子这里似乎都不见了。好在，荀子尚处于战国末世，那昂扬的士人精神还没有完全崩溃，在荀子身上还有一股不屈不挠之气时时流露，但这就不一定能在其后世弟子身上找到了。

荀子是要和统治者合作，希图在体制内为士人找到位置，找到一个好归宿。他也不要独立，相反，他要找到组织，找到同志，找到领导，因为他看到天下即将一统的暗流正在涌动，他要抓住机会干事业。

要做事，就得"能群"，这是荀子早就看明白的理儿。可要能群首先就得先摆正各人的位置。荀子说了：

"曷谓贤？明君臣，上能尊君下爱民。"

"辨治上下，贵贱有等明君臣。"（《荀子·成相》）

也就是，要明于君臣之分，要尊君，要谨守臣道。臣道是什么？就是区分贵贱上下，以"礼"的秩序安顿天下，自己上尊君，下爱民，做一个忠心耿耿、恭谨勤劳、忠于职守的臣僚。这也是他给所有知识分子的身份定位。他说：

"臣下职，莫游食，务本节用财无极。事业听上，莫得相使，一民力。守其职，足衣食，厚薄有等明爵服。利往（唯）卬（仰）上，莫得擅与孰私得？"（《荀子·成相》）

你看，我们的荀子他不要士人流浪了，也不要士人游荡了，他要他们干事业，什么事业？听"上"的安排，仰"上"的照拂，生活上不要"游食"，精神上忠于主上，一切生活来源也仰仗主上的供给。这样，守其职，也就可以丰衣足食了，不需要也不允许擅自谋求私利，取你自己那份就好了。

如果从对己的角度来看，这是自愿去做人家的笼中之鸟、池中之鱼，这种人格与孟子、庄子的差别已经很大了；如果从对别人的角度看，那荀子就是鼓动从剥夺经济独立权着手，来剥夺士人的思想独立与行为自由，以便使士人阶层成为统治者的附庸。他甚至还兜售"持宠处位终身不厌之术"：

> "主尊贵之，则恭敬而傅；主信爱之，则谨慎而嗛；主专任之，则拘守而详；主安近之，则慎比而不邪；主疏远之，则全一而不倍；主损绌之，则恐惧而不怨。贵而不为夸，信而不处谦，任重而不敢专。财利至，则善而不及也，必将尽辞让之义，然后受。福事至则和而理，祸事至则静而理。富则广施，贫则用节。可贵可贱也，可富可贫也，可杀而不可使为奸也；是持宠处位终身不厌之术也。"（《荀子·仲尼》）

主子尊重我使我富贵呢，就要恭敬逊退；主子信任宠爱我呢，就要懂得谨慎和谦让；主子专任我呢，就要拘谨而周详；主子接近我呢，就要恭敬顺从而不邪妄……不一一翻译了，反正宗旨已经说明了"是持宠处位终身不厌之术也"。这大概是孟子、庄子所不屑的吧。

荀子的这个态度和主张，首先就在他的弟子那里付诸实践了。李斯努力使自己成为秦始皇的"贤臣"，成为有用之人，韩非则用他的帝王术教导秦始皇如何统御这些士人。荀子这个中介作用不可谓不大呀，也绝非偶然。从他们那里，我们悲哀地看到，先秦诸子可贵的独立性，包括人格独立和学术思想的独立，都被卖与帝王家了。

韩非的道理

　　要论理论水平，那在荀子的弟子中顶数韩非最棒，这是他那著名的同学李斯亲口承认的。《史记》说他"与李斯俱事荀卿，斯自以为不如非。"（《老子韩非列传》）

　　韩非是韩国公子、王室贵族，生卒年不详，反正和李斯同时就是了。虽说是贵族，却不被重视也不受重用，但从韩非的悲喜人生看，这种身份和名分还是对他产生了很大的影响，而这影响似乎只是负担和拖累。

　　他不如同学李斯自由，对待价而沽的李斯来说，那就是哪儿最有机会就上哪儿去，哪儿最有前途就上哪儿去。李斯只是楚国的布衣，当看到连贵族身份的屈原在本国都无用武之地时，他可以了无挂碍地投奔最有指望的秦国。

　　韩非就不行了，他有点儿像是定向生。虽然定向，可又算不上是韩国委培的，韩国并不需要他，治国理政根本轮不到他，还不能自找下处。这就把天纵聪明的韩非活活给束缚住了。英雄无用武之地，韩非只好闭门做他的学问，继续深入地进行他的理论研究。

　　韩非从学于荀子，而很多人认为荀子之学不醇（纯），在这一点上，韩非倒是像极了他的老师，韩非之学也不纯。但是，于不纯之中又各有所本，如果说荀子还主要是宗于儒家，那么韩非毫无疑义乃法家的集大成者。

　　把法家思想与法律和审判联系起来，就显得狭隘了。用现代的术语说，法家所讲的是组织和领导的理论与方法，要用古人的话说就是帝王之术。帝王内心里大都比较喜欢法家，因为法家说了，做帝王不一定非得是圣人才能做得，中等资质的人就可以，而且他们还给你准备了行之有效的统治方法和手段。

在韩非以前，法家已经有三派：一派以慎到（与孟子同时）为首，以"势"为政治和统治术的最重要因素；另一派以申不害（死于公元前337年）为首，申不害强调"术"；再一派以商鞅（死于公元前338年）为首，商鞅又称商君，最重视"法"。"势"，指权力、权威；"法"，指法律、法制；"术"，指办事、用人的方法和艺术，也就是政治手腕。

韩非在他们之后，且集他们之大成，认为这三者都是不可或缺。他说："明主之行制也天，其用人也鬼。天则不非，鬼则不困。势行教严逆而不违……然后一行其法。"（《韩非子·八经》）明主像天，因为他依法行事，公正无私；明主又像鬼，因为他有用人之术，用了人，人还不知道是怎么被用的，这便是术的妙用；他还有权威、权力以加强他的命令的力量，这是势的作用。这三者缺一不可，帝王都应该具备。

此外，大概是吸收了老师荀子的厚今薄古说，韩非子产生了一种革命性的历史观。我们看，孔子、孟子，甚至墨子，他们动辄就把往圣先王抬出来，甚至为了证明自己的学说更具权威性，他们抬出的圣人一个比一个早，孔子举周文王、周公，墨子就举大禹王，孟子为了要抗拒墨家，就举出比大禹还久远的尧舜。

到韩非这里，变了。韩非不往后看，人家向前看。如上述这些往后看的，认为古代制度好，要求复古的，这在韩非看来，都属于守株待兔一类。因为时代变了，新问题出现了，"是以圣人不期修古，不法常可，论世之事，因为之备。"（《韩非子·五蠹》）即主张与时俱进，只有用全新的方案才能解决新的问题。

不法先王法谁？法后王呗。也就是说，大家实际一点儿吧，尧舜那样的圣王几千年才出一个，就别老指望他了，踏踏实实辅佐现在的君王吧。

那既非圣王的，现在这个中等资质的君王自己又该怎么做呢？韩非早就给他想好辙了，照着干就是了。在这里，韩非借用了道家老子的"无为无不为"思想，稍加改造就可以为自己的这套理论服务了。

照韩非所说，第一个必要的步骤是立法。通过这些法，告诉百姓，什么应该做，什么不应该做。法一经公布，君主就必须明察百姓的行为。因为他有势，可以惩罚违法的人，奖赏守法的人。

当然，这个具体审查的人不会是君王自己，按照职责找官员做就是了。然后，君王只管理这些官员。管官员也不必那么费心，还是用赏罚就行了。按照"循名而责实"的原则，也就是责成担任一定职务的人，完成分内的事。完成得好就赏，完成得不好就罚，而他们的职责法律早就规定好了，对照执行就可以了。

这种用法用势治民的思想，一方面降低了对君王才能的要求，另一方面也减轻了君王的道德负担，他们不再需要像儒家主张的那样，非得自己作出榜样，或是通过个人的影响来进行统治。这对君王真是一种大大的解脱，难怪后来那些想搞集权的君主内心里老是暗暗地喜欢法家。

法家强秦

这不，秦始皇头一个就喜欢上了韩非，而且在他那个时候也不用偷偷摸摸，大大方方地喜欢就行。

秦始皇是因为看到了韩非的著作，立马喜欢上韩非的，他甚至脱口说出："寡人得见此人，与之游，死不恨矣。"韩非大概不会想到，在本国不得志的他，在秦国却意外地遇到了知音，而且这个知音竟然就是秦王嬴政。这是韩非之幸，也是韩非的大不幸。

当同学李斯告诉秦王政：大王您赏识的那位韩非我认识，他是我的同学，身为韩国公子，现就在韩国。秦王一听，马上出兵韩国，目的就一个——要韩非。韩国本来就没把韩非看得有多重要，秦王既然要他，乐得顺水推舟，派韩非为特使出使秦国。

秦王政与韩非一席长谈之后，大为满意。可是，满意归满意，疑心还是大大的。他一方面对韩非的理论倍加欣赏，另一方面却未必相信韩非会忠于他，毕竟韩非是韩国的公子。加之同学李斯的嫉妒加陷害，韩非最终被逼死于秦国的监狱。

韩非生前没有得到秦王的重用，但他的著作却成为秦王朝的指导思想。

应该说，自秦孝公开始任用商鞅变法以来，法家思想便成为秦国治国的指导思想。再加上秦王政有兼并六国的雄心壮志，这样，他接受起韩非的法家思想来，就十分顺遂。秦王政在看到韩非的著作以前，大概只对商鞅的"法"最为熟悉，对于

"势"和"术"的意义还不大清楚。但是，自从他读了韩非集法家之大成的著作以后，对于人君的南面之术的运用便表现得十分热心。

别忘了，韩非的同学李斯也是法家的代表人物，如果说韩非对于秦始皇的指导，还只是理论上的，那么，李斯则是帮助秦始皇以法家理论兼并天下、统一天下的实践者。

我们可以褒贬李斯的为人，但不能否认他的能力和抱负。他来秦国真正的目的，就是要借助秦王的军队、财富、权势等，来实现自己的抱负的。而这与同样怀揣梦想，野心勃勃的秦王政一拍即合。李斯在与年轻的秦王政谈论时，有一次提到了"时"，跟他说，当前是"灭诸侯，成帝业，为天下统一"的"万世之一时"，比千年一遇还难得，而且稍纵即逝。等山东的诸侯醒过神儿来，再次联合，即使黄帝重生也无法统一天下了。

真是天佑大秦！在天才商人吕不韦进入垂暮之年，进取锐气消失之时，老天给秦国送来了一个精通"帝王之术"的李斯，又把韩非子集大成的法家著作赠给了秦王政，并使他爱不释手。这无疑于在秦国的肌体上，补充了新鲜的血液。而这血液竟又是如此地活跃。

主要参考文献

［1］鲍鹏飞. 先秦诸子十二讲［M］. 上海：上海科学技术文献
出版社，2007.

［2］陈鼓应，白奚. 老子评传［M］. 南京：南京大学出版社，
2011.

［3］冯友兰. 中国哲学简史［M］. 北京：北京大学出版社，
2013.

［4］葛兆光. 中国思想史［M］. 上海：复旦大学出版社，2013.

［5］侯外庐. 中国思想通史［M］. 北京：人民出版社，2011.

［6］孔繁. 荀子评传［M］. 南京：南京大学出版社，2003.

［7］匡亚明. 孔子评传［M］. 南京：南京大学出版社，2011.

［8］劳思光. 新编中国哲学史［M］. 南宁：广西师范大学出版
社，2005.

［9］李泽厚. 中国古代思想史论［M］. 北京：生活·读书·新

知三联书店，2008.

［10］钱穆. 中国历史研究法［M］. 北京：生活·读书·新知
三联书店，2013.

［11］钱穆. 中国思想史［M］. 北京：九州出版社，2012.

［12］施觉怀. 韩非评传［M］. 南京：南京大学出版社，2006.

［13］吴方. 中国文化史图鉴［M］. 山西教育出版社，1992.

［14］邢兆良. 墨子评传［M］. 南京：南京大学出版社，2010.

［15］杨善群. 孙子评传［M］. 南京：南京大学出版社，2011.

［16］颜世安. 庄子评传［M］. 南京：南京大学出版社，2011.

［17］杨泽波. 孟子评传［M］. 南京：南京大学出版社，2007.

［18］曾仕强. 中华文化的特质［M］. 济南：山东电子音像出
版社，2011.

［19］曾仕强. 易经的奥秘［M］. 西安：陕西师范大学出版社，
2009.